湛庐 CHEERS

与最聪明的人共同进化

HERE COMES EVERYBODY

[美] 布拉德利 · R. 斯塔茨 著
Bradley R. Staats
杨田田 林文韵 译

终身学习者的8堂必修课

Never Stop Learning

浙江教育出版社 · 杭州

献给

我的爱妻帕特里西娅和良师戴维

/

与你们在一起，学习变得永无止境

For Tricia and Dave —

with you I never stop learning

目 录

测一测　　你了解动态学习的真相吗？（多选）

1. 我们都知道人应当从失败中学习，但为何说起来容易做起来难？

A. 我们对成功的关注导致了对失败的恐惧。

B. 我们总是不愿意承认失败的发生。

C. 我们低估了失败的影响。

D. 我们总是将失败的原因归结为外部因素。

2. 为何关注过程比关注结果更能促进学习？

A. 关注过程有利于完善过程所需要的输入因素，它常常比最初预想的要多。

B. 关注结果而非过程，那么很多细节问题就会被掩盖。

C. 关注过程能帮助我们确定各种输入因素之间的因果关系。

D. 关注过程能够帮助我们在学习的进程中养成自律的习惯。

3. 为什么暂停一下、静心思考反而有利于学习？

A. 静心思考可以让我们理解已经知晓但从未耗时去理解的事物。

B. 静心思考让我们有机会确认未知，填补认知的空白。

C. 静心思考可以建立自我对目标任务的胜任感和能动感。

D. 静心思考还能让我们身心恢复活力。

4. 为什么做自己比模仿别人更能促进学习？

A. 做自己能够给我们带来积极情绪，有利于更广泛和多样化地思考。

B. 做自己比模仿别人更有安全感。

C. 与应该做的事相比，我们在真正想做的事情上更容易付出必要的努力。

D. 模仿别人等于压抑自我，这会引起焦虑等负面情绪。

想了解动态学习的真相吗？
扫码获取答案及解析。

引言

未来世界，唯一不变的就是变化

我们内心所获得的，都将改变外在现实。

——

奥托·兰克（Otto Rank）[1]

我的祖父老普雷斯顿·威廉·斯塔茨（Preston William Staats Sr.）在得克萨斯州的新布朗费尔斯（New Braunfels）长大，他的父亲，也就是我的曾祖父，在家乡开了一家名叫“糖果厨房”的小商店，主要出售糖果和软饮。当时，曾祖父观察发现可乐装瓶生意前景很好，于是就设法拿到了该地区的可口可乐装瓶权。祖父小时候在曾祖父的装瓶工厂帮忙，后来恰逢机会，他去了70多千米外的奥斯汀，就读于得克萨斯大学奥斯汀分校。大学毕业后，他回到新布朗费尔斯接手可乐装瓶厂。我的外祖父布鲁克斯·伍尔福德（Brooks Woolford）在休斯敦长大，成年后他几乎一直从事信贷工作。对我的祖父和外祖父来说，唯一一次离开得克萨斯州去其他地方生活，是在第二次世界大战期间外出服役。

而作为他们的孙辈，我和哥哥特伦特（Trent）两个人的经历与他们形成了鲜明对比。我们俩在奥斯汀长大，本科都就读于得克萨斯大学奥斯汀分校。毕业后特伦特继续攻读工程博士学位，然后创办了一家专为电力交易商提供输电线路实时监控设备的公司。后来他卖掉公司，去了哈佛商学院，获得了 MBA 学位。随后他在波士顿待了 10 年，又创办了自己的公司，从事生物技术、生物燃料和化学性废物回收的工作。

从得克萨斯大学奥斯汀分校毕业后，我去了高盛集团从事投资工作，先在纽约待了一阵，之后是在休斯敦。然后我去了马萨诸塞州波士顿，在哈佛商学院获得了 MBA 学位，毕业之后在得克萨斯州奥斯汀的戴尔公司做战略规划，接着在佛罗里达州坦帕的一家主要从事技术和医疗保健服务的风险投资公司工作。后来我回到了波士顿，在哈佛商学院获得了博士学位，又搬到了北卡罗来纳州的教堂山，在北卡罗来纳大学凯南 - 弗拉格勒商学院担任教授至今，其中有一年我在宾夕法尼亚大学沃顿商学院担任客座教授，住在费城。

我们家祖孙两辈人经历的反差并不是个例。如今，一个职场人的职业生涯通常涉及多个雇主和多种行业。虽然目前通过跟踪个人对这个议题进行的纵向研究还很少，但是美国劳工统计局 1978—2012 年间对 18 ～ 48 岁劳动者的工作情况做了跟踪调查。调查发现，这些劳动者平均从事过 12 种不同的工作。[2] 而截止到 2012 年，只有 3.3% 的人始终并依然从事着他们从 25 ～ 29 岁时起就从事的工作，只有 5.4% 的人依然从事着 30 ～ 34 岁时的工作。

> **对大多数人来说，唯一不变的就是变化。**

想要在这种新环境中取得成功，就需要不断学习，学会如何更好地完成现有任务、如何应对全新的挑战。如果我们不学习，就会面临被时代抛弃的风险。其结果是，当我们还在绞尽脑汁解决昨天的问题时，别人已经在着手应对明天的挑战了。

> **事实上，我们不擅长学习，极其不擅长。我们是自己最大的敌人。我们大多数的所作所为对学习不但没有好处，反而有害。**

我们不愿承担任何失败的风险，我们痴迷于结果，而忽略了仔细研究实现这些结果的过程。我们急于回答问题而不是提出问题。不管做什么事情，我们都希望别人能注意到我们匆忙的身影，因而不会停下来退后一步去审视、反思和积蓄能量。我们只会沿着他人走过的老路行进，而不会去走出自己的道路。我们寻求弥补不那么重要的弱点，而不是尽力发挥自己的优势。我们的眼界过于狭窄，不知道如何将经验和阅历融会贯通。我们将学习视作一项个体行为，而忽略了他人所扮演的重要角色。

这就是我写这本书的目的——帮助人们学会如何学习。这本书提供了一种思路，能够帮助人们在不断变化的世界中与时代保持同步。我将详细介绍成为动态学习者需要遵循的流程，并利用行为科学理论来解释为什么我们无法做到那些我们该做的事情。我还会提供经过实践检验的可行性策略来帮助你应对挑战。虽然我们可能是自己最大的敌人，但同时我们也是自己最强有力的主人。

学习型经济的崛起

在当今社会，学习至关重要，生活在学习型经济环境中，仅仅做知识型员工是不够的，我们必须同时成为学习型员工。正如微软的首席执行官萨提亚·纳德拉（Satya Nadella）所说：“最终，‘无所不学者’总会胜过‘无所不知者’。”非常规认知劳动、专业化、全球化和个人可扩展性是当今社会动态变化的四个层面。

> **在这样错综复杂的背景下，一个人学习并实现目标的能力的高低决定了他能否创造个人竞争优势，进而决定了他能否与时俱进、重塑自我、茁壮成长。**

非常规认知劳动

非常规认知劳动是学习型经济崛起的第一个驱动因素。每项创新都需要新的技能，尤其是在工业革命时期和 20 世纪。这一点有就业数据为证。例如，在美国，其农业劳动力 1910 年在总劳动人口中的占比为 32%，低于 1850 年的 65%，而 2015 年该数据仅为 2%。[3] 美国制造业就业人数在 1953 年达到顶峰，占劳动力总数的 30%。[4] 20 世纪下半叶，这一数据呈现稳步下降趋势：截至 2015 年，制造业就业人数占劳动力总数的比例不到 10%。[5] 虽然世界各地的统计数据都不尽相同，但各行各业之间劳动力占比的巨大变化趋势是相似的。

上述现象的部分原因是美国的农业和制造业就业岗位转移到了劳动力

成本较低的国家和地区。在 19 世纪，美国拥有大量廉价且卖力的劳动力，因此制造业获得了快速增长；但从 20 世纪 50 年代开始，日本、中国等国家和地区提供了更加廉价的劳动力，于是更多的制造业就业岗位倾斜到了这些国家和地区。

就业变化的主要驱动因素实际上是常规化带来的生产率的提高。例如，1948—2011 年，在土地使用量和体力劳动量急剧下降的情况下，美国的农业产量增加了 1 倍以上。[6] 种子质量、肥料、耕作技术、科技这几方面的提升推动了这一变化的产生。农民开发出了更好的技术，更加注重管理农业生产过程，而不是简单遵循一成不变的方法来管理农田。

制造业也是如此。21 世纪美国的制造公司一直在寻找更廉价的劳动力，导致就业机会外流，遭到了许多美国人的谴责。但一项数据显示，2000—2010 年，美国只有 13% 的制造业失业现象是由外贸（即工作机会转移到另一个国家）导致的，剩下的 87% 是由于生产率的提高（即劳动力需求减少）造成的。[7] 技术投资、新的劳动力补充和管理实践方面的持续改进可以大大提高生产率，但同时也会减少所需的劳动量并改变工人的工作性质。

这对我们需要提升的学习技能具有重要意义。重复性体力劳动的价值在持续下降，因为这些工作通常可以实现自动化，或是转移到成本较低的地方完成。我们可以通过定制、调适和创新来创造价值，而所有这些都需要学习。

1983—2013 年美国的就业数据证实了这一点。[8] 图 0-1 根据日常工作程序或认知程度将工种分为几大类别。尽管待就业人数不断上涨，但随着时间的推移，诸如制造业工人（体力劳动者）或销售专业人员（脑力劳动者）等常规工种的数量仍然保持不变。相比之下，非常规工种的数量持续增长。这种差异的产生是因为劳动者学习能力和社会生产力的提高导致低薪工种（如护工）和高薪工种（如经理和科学家）被保留下来，而处于两者中间地带的工种被消除。

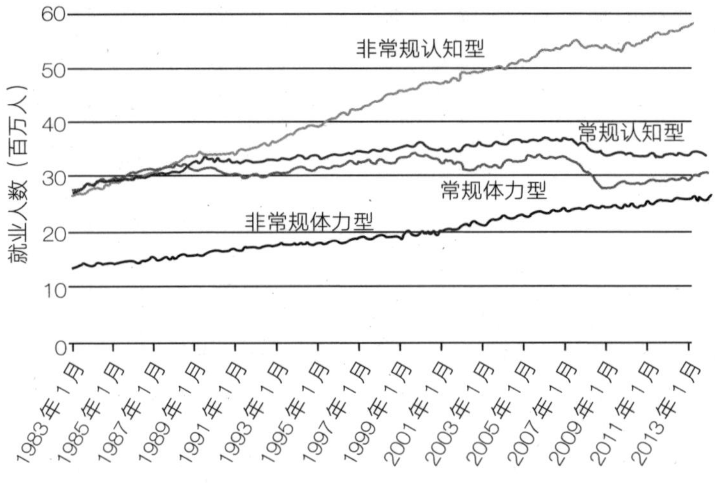

图 0-1　1983—2013 年美国几大类别的工种数量变化趋势

资料来源：M. Dvorkin, "Jobs Involving Routine Tasks Aren't Growing," Federal Reserve Bank of St. Louis, January 4, 2016.

我有一个好朋友，她早年在银行负责支票处理业务。她的工作是监督工作人员打开信封取出支票并手动输入信息。因为这个职位所需的计算机操作技能并不是每个人都具备的，所以，这在当时对于数据录入工作者而言是一份好工作。但随着数据录入流程变得更加精简，通过扫描即可完成检查，不再需要人工输入，最后整个过程被电子化，通常几乎无须人为干预，于是这个工种的就业率不断下降。留下来的工人训练有素，他们熟练掌握了信息技术和电子处理的运作方式，并知道遇到特殊情况应该如何妥善处理，但本应由他们负责的日常工作消失了。

专业化

学习型经济崛起的第二个驱动因素源于专业化，这也是数千年以来人类进步的核心。1776 年，亚当·斯密在他的著作《国富论》上卷的开篇写道："劳动生产力上最大的增进，以及运用劳动时所表现出的更高的娴熟程度、更多的技巧和更强的判断力，似乎都是分工的结果。"[9] 劳动分工使个体可以从事各自特定的工作，在这个过程中，个体能够学习技能并获得大幅提升。当然，亚当 · 斯密之前的时代已经有了这样的见识，但将这个观点大量运用于实践是最近三个世纪的事情。

随着我们对某个领域熟悉程度的增加，学习的机会也会增加。我们学得越多，就越了解我们不知道的东西，因此我们会更多地投入学习。这个循环没有止境。

或许医学领域的发展最能说明这一点。在早期文明中，人们对医学知识的认识很有限。那时，因为人们没有真正理解人体解剖学和疾病的原理，因此需要仔细研究因果关系，以了解哪种疗法更有效。为了弥补这一知识的贫乏，16 世纪时期的医生们开始关注解剖学。1546 年，吉罗拉摩 · 法兰卡斯特罗（Girolamo Fracastoro）提出，细菌和病毒等微生物是大多数疾病的真正致因。大约 200 年后，马库斯·冯·普莱西兹（Marcus von Plenciz）对该理论进行了扩展。在路易斯·巴斯德（Louis Pasteur）等人的大力支持下，这个理论被广泛采用。医疗技术的每一次进步都意味着，要想成为一名医生，你必须不断掌握新知识。因此，专注于某些身体器官或护理类型的专项研究就变得非常必要。

2017 年，美国医学专业委员会认定了医学学科的 37 个专业和 132 个子专业。[10] 其中每个专业都需要多年的培训才能获得从业资格。即使对专家来说，通常也不可能掌握自己所在领域中的所有知识。一份报告表明，一名医生要想紧跟医学的发展趋势，那么他每天需要花在阅读文献上的时间为 29 小时。[11] 保持专业化需要我们投入很多精力，但同时也有助于我们明确应该把自己稀缺的注意力分配在什么地方。

全球化

学习型经济崛起的第三个驱动因素是全球化。全球化给劳动力市场带来了日益激烈的竞争。在 20 世纪下半叶，众多经济体开放了劳动力市场，这样他们的公司和员工就能够在全球范围内展开竞争。巴西、俄罗斯、印度和中国属于领跑者，其他经济体随后也加入了进来。印度的软件服务行业就是一个非常有说服力的例子。

1979 年，由于印度政府要求 IBM 出售在印度业务的部分股权，于是 IBM 撤离了印度，留在印度工作的软件工程师寥寥无几。再加上当时印度法律制度的限制，想要获取必要的设备和出口服务变得异常艰难。但是一些公司选择继续负重前行，要么将员工送往国外客户的所在地，要么在印度工作然后飞往新加坡或其他枢纽地区获取服务。

20 世纪 90 年代，印度政府意识到，他们虽培养出了数十万训练有素的工程师，但是这些工程师并未发挥个人的最大才能为本国的经济发展做贡献；相反，这些工程师往往会选择离开印度去他国工作，或者留在印度从事无法发挥他们先进技能的工作。与此同时，技术正在发生变化，远程工作已经成为现实，而国际客户也在寻找解决软件问题的方案。于是印度政府调整了政策，允许在其境内的公司以极低的税率甚至在免税的情况下引进必要的技术设备，获得出口服务。

这些因素共同引发了印度软件行业的爆炸式增长。塔塔咨询服务公司（Tata Consultancy Services）、印孚瑟斯（Infosys）、维布络公司（Wipro Technologies）和很多其他印度公司都享受到了增长的红利。随后，很多跨国公司也意识到这一机会，开始扩大运营规模。例如，2005 年 IBM 在印度举行了年度投资者会议，宣布计划在随后的三年内投资 60 亿美元到印度的业务中，相当于为印度提供了约 15 万个就业岗位。图 0-2 显示了随着时间推移，该行业出口收入取得的显著增长。

其他国家和行业的类似案例层出不穷。背后的含义显而易见：个体在规划他们的职业道路时必须认识到，与时俱进意味着不仅要比周围的人学得好，也要比全球范围内的人学得好，因为企业可以轻而易举地与世界各地的员工签订劳动合同。

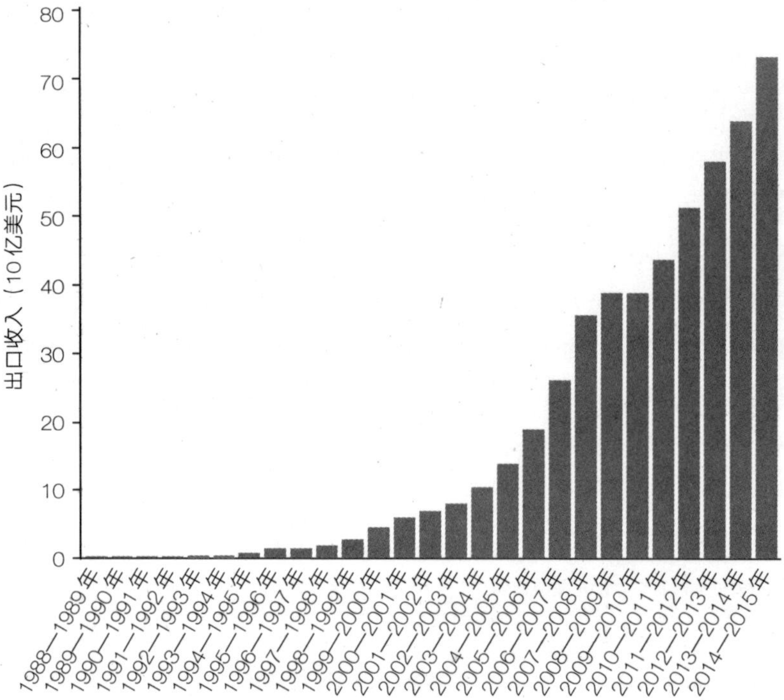

图 0-2　印度 IT 服务出口收入

资料来源：R. Heeks, “Indian IT/Software Sector Statistics: 1980—2015 Time Series Data,” ICT4D blog, April 28, 2015.

在就业模式发生总体转变的背景下，提升学习技能显得更加重要。我祖父和外祖父一辈子的工作经历对他们那代人来说习以为常，但是放在今天几乎闻所未闻。加剧这种转变的是个体劳动者在工作中越来越具有独立性。无论他们是打车软件的司机，还是知识型工种从业人员，不管他们是直接签约，还是通过线上网络平台签约，一个无法争辩的事实是：人们参与全球竞争的机会越来越多。如果你想一直保持国际竞争力，那就需要成为一个动态学习者。

可扩展性

学习型经济崛起的最后一个重要驱动因素是将所学进行扩展的能力。许多年前，即使是一位处于巅峰状态的优秀外科医生，在满足医疗需求上也会面临限制。人们的出行范围有限，因此各地的专家虽然可以为当地居民提供服务，但很少有人能够跨越这个范围。随着交通越来越发达，出行变得越来越容易，人们的医疗需求也随之增长，同时增长的还有专业医疗资源的价格。专业化会带来高收入，反过来也让投资专业培训变得有价值，从而让专业化变得更普及。

信息和通信技术的革新进一步打破了上面这种紧密的联系。现如今，人们不但可以利用互联网推销个人服务，而且可以接触到更多受众。信息技术的兴起意味着知识可以被存储，然后销售，例如通过编写软件来获取供应链管理决策或税收法规。更棒的是，由于信息产品的边际成本接近于零，即一旦投资生产出第一个副本，销售第二个副本的成本就会降低，相比之前，在更大范围内销售个人劳动成果的经济回报具有更大的吸引力。

如何成为动态学习者

想要在学习型经济的大潮中与时俱进，就必须进行动态学习。动态学习者既能广泛分享知识，又能借助网络效应，使服务的价值随着使用人数的增长而增加。不学习，就无法适应，就意味着被时代抛弃，这会给我们的公司、我们自己和我们的后代带来巨大的风险。仅仅有知识是不够的，更重要的是要利用这些知识来建构更多的知识。换句话说，你需要学习。

正是这一挑战吸引我涉足学术界。作为一名工程师、投资银行家和风险资本家，我目睹了无数聪明、乐于进取的人为实现目标而不懈奋斗。虽然他们中的许多人都失败了，但也有一些人能始终保持优异表现。因为这些人总体的教育培训背景和拥有的资源都相差无几，所以乍一看，我并没有注意到他们的与众不同之处。经过反思，我意识到他们中有一部分人在不断学习，而其他人并没有这么做。

我由此找到了核心问题：保持动态学习的原则是什么？我不知道答案是什么。在过去的 15 年里，我一直在尝试通过研究寻找答案。

为了更深入地研究学习这个主题，我决定从两个学术领域去钻研，即运营与行为科学。之所以选择前者，是因为从本质上讲，学习不是理论，而是实践。运营领域所关心的是如何提升结果的转化率，这意味着我们需要关注运营流程，即投入如何转换为产出，并对此进行优化。我采用了运营工具包来解构学习的过程，即我们不仅要理解学习的组成部分，还要理解这些部分如何组成一个整体系统。

我选择行为科学的原因是我的阅历告诉我，人性的基本属性会影响个体的学习能力。此外我也认识到，脱离了对人的研究，仅对学习过程进行探讨是不完整的。我们的大脑活动可以改变外在现实。同样的道理，那些我们未能在内在实现的目标将改变我们在未来所拥有的机遇。

通过结合这两个领域，我对学习这个课题产生了独到的见解。我发现学习包含三个步骤。

- 第一步，明确你为了成为一名动态学习者而需要做的事情有哪些。
- 第二步，明确你没有做到这些事情的原因是什么。
- 第三步，了解克服挑战所需要的步骤。

本书的每章都是按照这个架构展开的。在每一章中，我都添加了有趣的案例来阐述主题，并引用了相关研究成果作为理论基础，以便解释三个问题。

- 要成功学习，我们需要做什么?
- 为什么我们无法做到?
- 如何克服这些挑战?

在第 1 章至第 8 章中，我会逐一讨论成为动态学习者所需的关键要素。

- 重视失败。动态学习者为了学习不惧怕失败。
- 关注过程而非结果。动态学习者知道，关注结果会让人误入歧途，因为我们不知道结果是如何产生的；关注过程则会让我们打消顾虑，从而投入真正的学习。

- 提出问题而不是急于给出答案。动态学习者明白，如果我们能提出相应的问题，那么“我不知道”是一个很好的起点。

- 反思和放松。动态学习者会抑制为了行动而行动的冲动，并认识到当事情进展不顺时，强者会选择好好休息，花时间重新积蓄能量，停下脚步去思考。

- 做自己。动态学习者不会循规蹈矩，他们会脱颖而出。

- 发挥优势。动态学习者不会试图去修正一些不重要的弱点，而是会发挥自己的优势。

- 专业化和多样性。动态学习者会打造T型的技能组合，即深入一个（或多个）领域，并广泛了解其他领域。

- 向他人学习。动态学习者懂得，学习不是闭门造车。

在接下来的内容中，我将详细阐述每一个关键要素，探讨如何成为一个动态学习者，从而让你不仅能在这个日新月异的世界中与时俱进，还能出类拔萃，甚至改变世界。

1/8

我们为什么无法从失败中学习

是啊，过去也许让人心痛。但是依我看，你可以选择逃避过去，也可以选择从中学习。

——

狒狒长老拉飞奇（迪士尼动画片《狮子王》中的角色）

华特·迪士尼早年居住在美国中西部地区，他一生中遭遇过很多次失败。他曾因为缺乏创造力被一家报社炒了鱿鱼，也曾因为一部动画发行失败导致破产。他搬到加州之后创立了一家动画公司，因为一份行文糟糕的合同，眼睁睁地看着自己创造的明星卡通角色——幸运兔奥斯华（Oswald the Luck Rabbit）被他人夺走。那个发行商还一并挖走了他的动画师。虽然经历了众多滑铁卢，但迪士尼并没有因此停下脚步：他创作出了迪士尼最具代表性的角色米老鼠，由此开创了新事业——尽管不止一位发行商认为那么大一只老鼠会把观众吓跑。华特·迪士尼所遭受的挫折为他的动画、电影、电视事业带来了新的发展和创新，后来他还成功推出了主题乐园。

然而华特·迪士尼只是一个特例。大多数时候，我们虽然知道人应当从失败中学习，但是说起来容易做起来难。正因为这样，老友餐厅（Pal's Sudden Service）的总裁汤姆·克罗斯比（Thom Crosby）的故事才让人赞叹不已。从他的经历中我们可以看到如何才能让失败产生最大的积极效应。

老友餐厅新产品推出始末

克罗斯比盯着手中的周销售报告，看到许多门店的沙拉销量都低于预期目标，唯一看着有指望的是芝士汉堡沙拉。这也并不奇怪，因为老友餐厅在田纳西州和弗吉尼亚州有28家连锁店，主营的就是汉堡和薯条。大多数老友餐厅没有为顾客提供坐下来用餐的空间，即便如此，公司的销售额一度超过10年持续增长。[1]

老友餐厅在竞争残酷的快餐行业中表现不凡，因为顾客知道虽然这里的菜单简简单单，只有汉堡、热狗和三明治，但是他们相信老友餐厅会为他们提供一顿美味的餐食。在每天的用餐高峰期，每18秒就有一位顾客驾车驶离老友餐厅的汽车外卖窗口；而数据显示，麦当劳和塔可贝尔（Taco Bell）所需的服务时间分别是64秒和104秒。老友餐厅引以为傲的是不让一份订单出错。2001年，老友餐厅的餐饮质量得到了公众的认可，成为首个获得由美国商务部授予的马尔科姆·鲍德里奇国家质量奖（Malcolm Baldrige National Quality Award）的餐饮公司。

尽管如此，克罗斯比始终都在关注消费者群体潮流的变化，了解老友餐厅需要做哪些调整以持续为顾客带来惊喜。其中一种潮流就是消费者对健康饮食的兴趣。这种趋势既体现在人们对传统快餐兴趣的降低上，又体现在一些重视健康的竞争品牌的崛起上。是否在老友餐厅提供一系列沙拉产品的想法被断断续续讨论了很多年。经过慎重考虑，克罗斯比和老友餐厅的新品委员会决定，是时候给顾客提供一项健康的新选择了。因此他们推出了一个新的沙拉系列，包含多种沙拉。

对引入新产品，老友餐厅有一套正式的评估体制。首先，新产品必须达到5个标准。

- 简约。该产品是否包含四种以内食材，从而不会因为配餐时间增加而违背快餐模式？
- 形象。该产品是否为“经典美式”食物？
- 价格与利润。定价是否符合顾客的预期？利润是否符合公司的最低标准？
- 供应链。是否有适合的供应商？
- 市场接受度。顾客是否会购买该产品？

新品委员会对沙拉进行评估之后认为，新品的潜在表现虽不出众，但似乎是可接受的。沙拉的制作过程相对比较复杂，有人认为这与老友餐厅的品牌形象不符。尽管如此，克罗斯比依然感觉到其潜力足以开展市场检验。

老友餐厅的新品市场检验首先从一家门店开始。数月之后，如果该产品前景被看好，便进入下一阶段，即在三家门店进行为期6个月的测试。经过第一阶段的检验，沙拉的接受度表现虽然处于低位，但是依旧足够吸引人，因此克罗斯比决定继续保持下去。第二阶段所选的三家门店中，一家持支持态度，一家中立，另一家持反对意见。最终得到的数据很混乱，结果是好是坏并没有清楚地显现出来。新品委员会提议就此停止对沙拉的测试，但是克罗斯比否决了委员会的提议，在全部连锁店推出了沙拉系列产品。

从一开始，顾客便反应冷淡。克罗斯比在连续几周接到新品表现低迷的销售报告后承认，“很明显，我们的顾客来到老友餐厅并不是为了吃沙拉”，因此他终止了这个产品系列。[2] 整个试验的成本接近 50 万美元。克罗斯比反思了他的决定和公司遵循的流程。“我公开承认，这件事错在我。只要不违反法律、道德和伦理，不管什么类型的错误你都可以犯一次，但是不要犯同样的错误，要从错误中学习。我经常和别人讲，因为我的错误，我在老友餐厅得到了一个价值 600 万美元的教训。”[3]

虽然沙拉产品宣告失败，但是后续推出的产品比如早餐新品等却大获成功。克罗斯比采取的从错误中学习的方式使得公司无论是在门店销售额还是在连锁店的数量上都获得了增长，并且持续增长超过 10 年。此外，2015 年老友餐厅的每单位占地面积收益达 1100 美元，居行业之首，资产收益率达 35%，让竞争对手羡慕不已。

从失败中学习就像“大爆炸”。当遭遇失败时，一个“英雄人物”意识到哪里出了错，并从中获得了伟大的发现——就像居里夫人发现镭那样。但是这并不是常人能做到的。实际上，真正从失败中学习十分艰辛，而且我们自身也在不遗余力地阻挠自己从中学习。这就是为什么克罗斯比关于沙拉的故事如此有意义，因为这个故事向我们展示，成功地从失败中学习是有可能的。

> **进步不仅仅是进两步退一步，往往还伴随着原地奔跑，甚至倒退和偏离。**

失败会提高我们获取新知识的能力，因为人们必须尝试新事物来获得学习。在拿到 MBA 学位后，我去了一家风投公司。当我们的周围到处都是刚起步的公司时，我们就无法逃出“快速失败”这一“魔咒”。这个建议的出发点不是为投资者省钱，而是强调新想法必须经过试验，才能知道哪些想法可行而哪些不可行。商业类书籍作者及咨询家汤姆·彼得斯（Tom Peters）提出，公司的取胜之道在于“WTTMSW”[①]，意为“胜利属于尝试最多者”。通过快速尝试新的点子，我们可以看到那些你认为正确的事其实是错的，也能认识到你一开始根本不了解的事情。当我们能够敞开胸怀面对失败时，我们便为自己赢得了全新的学习机会。

失败也可以改变我们的行动方式，让我们意识到曾持有的某个想法是错误的，并改变我们寻找新信息的方式。因而我们更有可能拓展调查的广度和深度：也许会和不同的人交流，也许会花更多的时间思考发生了什么。从某种程度上讲，失败属意料之外，因此失败会促使我们改变已有的假设。我们会反思已发生的事件，思考下一步该如何应对。克罗斯比在老友餐厅推出沙拉失败后，能够后退一步，思考哪里出错了。他深信，市场需求的变化需要他做出响应，而他一开始误以为推出沙拉就是该做的响应。他知道自己必须身体力行，不能犯相同的错误，因此花了很多时间反思错误的根源是什么。后来他明白了，他需要成为一个更好的倾听者，认真听取新品委员会的意见，哪怕委员会成员的观点与他的不一致，也要认真聆听。

失败也会改变我们行动的动机。当我们成功时，我们往往会坚持到

① WTTMSW 是英文“Whoever Tries The Most Stuff Wins”的首字母缩写。——译者注

底，这一点不难理解。对于我们应当如何表现，我们会有基本的认识。当现实与期望一致时，我们便没有做出改变的必要。然而当我们的表现低于期望值时，我们被迫面对残酷的现实——有地方出问题了。当投资公司运转良好时，很少有风险投资人会质疑他们的投资方式。然而当公司出现困难，或者被他们放弃的投资机会表现优异时，投资人便十分有必要认真考虑哪里出了问题，思考如何改进下一步的行动。

从失败中进行学习的挑战

我们之所以需要通过失败促进学习，原因显而易见：学习要求我们去做新的尝试，而新事物并不总是与我们的预期相符。尽管这个道理没错，但现实并不如人意。我依然需要在课堂上教授如何从失败中学习，或就这一话题发表演说。而每每与他人谈到这个话题，总是会听到他们说从失败中学习有多难。虽然我自己就是研究和教授别人如何从失败中学习的专家，但也并不总能完成这个挑战。作为一名学者，我需要定期将研究成果寄给学术期刊，希望我的文章能够发表。成功发表的概率通常不高于10%，所以稿件被拒对我来说是家常便饭。虽然我明知失败是难免的，但是我能从每次的失败中学到东西，这样我就可以在将文章寄给下一家期刊前做出优化。坦白说，每一次当我看到邮箱里的拒稿信时，我的心都会条件反射般地颤抖一下。

为什么从失败中学习这么困难？因为我们对成功的关注导致了对失败的恐惧，同时也让我们无法看清周围已经发生的失败。

对失败的恐惧

// 解构学习

失败恐惧症

对失败的恐惧被称作“失败恐惧症”（atychiphobia）。尽管我们的读者当中很少有人会在临床上被诊断为这个病症，但是研究表明，几乎所有人都不同程度地体验过失败恐惧症的滋味。[4]失败的产生，说明哪里“出错”了，而“出错”会让人痛苦。我们所体会到的痛苦可能是尴尬、羞耻或焦虑。我们的身体也会对失败做出反应，肾上腺开始大量分泌皮质醇，这与身体面对高强度压力时做出的反应是一致的。[5]当有病原体等不利因素入侵人体系统时，皮质醇就会提供更多能量供身体抵御这些不利因素。

//

人对失败的反应与对生理疼痛的反应相似。研究表明，与经历成功的人相比，经历失败的人往往称自己感受到更多的疼痛，同时对疼痛的耐受力更低。[6]在一组实验中，被试在完成一项智商测试后，实验人员便告知他们测试结果是成功还是失败。测试结果的反馈是随机的，与被试的实际表现无关。成功组成员被告知他们的成绩超越了 90% 的人，失败组成员则被告知他们的成绩低于 80% 的人。得到反馈之后，每位被试都按要求将一只手放进一桶冰水中。结果发现，与成功组相比，失败组成员报告他们体会到了更强的痛感，收回手的速度也更快。

与在具体任务上的失败一样，在社会情境中的失败同样是令人痛苦的。密歇根大学的心理学家伊桑·克罗斯（Ethan Kross）与同事做过一项研究，他们向刚刚经历失恋的被试展示情侣照片，随后将发烫的物体放在被试的前臂上。[7]实验人员使用功能性磁共振成像（fMRI）技术捕捉被试的大脑活动信号，发现两次实验所激活的大脑部位是一样的，精确来讲，都是在第二躯体感觉区和岛叶背后侧。

对失败的恐惧和痛苦在职场中体现得最为淋漓尽致。在多数情况下，失败是一件十分严重的事情。当然，人们在口头上或许会说失败乃成功之母，但实际上失败会带来各种消极影响，比如预算降低、与晋升机会失之交臂，以及老板尖酸刻薄的话语等。职场上的失败似乎让我们的职业未来陷入未知，比如因此失去领导的支持，从而在职场上寸步难行。

哈佛商学院的埃米·埃德蒙森（Amy Edmondson）教授所做的研究强调了在现实中对失败的恐惧有多么让人身心俱疲。[8]我非常有幸曾在攻读博士学位的第一年修过她的实地调研方法课。埃德蒙森教授的主要观点之一是，一名研究者需要做好遭遇失败的准备，并就自己的研究课题矢志不渝地走下去。但是因为失败意味着某个假设是错误的，所以我们应该始终留心是不是自己犯了想当然的错误。关于这一点的最好说明来自埃德蒙森教授所做的开创性的工作，探索如何创造“安全失败”的环境，她自己如何走上这条研究道路的例子也很能说明问题。

在埃德蒙森的一项早期研究中，她试图将领导行为与护理差错关联起来。这是一个相对简单的课题，作为一名年轻的研究者，这对她来说是很好的起点。她让护理人员填写有关领导者的调查问卷，比如这些领导者有没有设定工作方向、是否提供了指导，等等。同时她也收集差错检测数据。在筛选和组织数据之后，她运用自己的回归模型以确定变量之间的关系。我们都倾向于相信，优秀领导者的护理团队犯的错误较少。如果这一点是对的，回归模型应当呈现负相关的结果。但是埃德蒙森的模型却得到了正相关的结果。也就是说，拥有“更优秀”领导者的护理团队犯了更多的错误。为什么会这样？或许是数据编码过程中出现了差错？以我自己的经验，我知道这种类型的失败只不过是一种过失，从这种失败中能够获得的学习经验就是如何更好地做数据准备，而它与这里的核心观点无关。

在埃德蒙森的例子中，其实并没有出现数据编码的错误，结论中两者之间的关系是准确的。至于理由，我想读者们再熟悉不过了，即在总体上，卫生保健领域的过失需要个人对错误情况自行上报。如果患者出现了严重的不良反应甚至死亡，可以很清楚地判定出现了什么人为过失。但是更常见的情况是，只有在护理人员自己承认的情况下我们才能知道错误的存在。也许这位护理人员忘了做一件事，比如忘了洗手；也许放在患者床边的药是错误的，但是在患者服下之前被及时取回；又或许给患者输液时设置的流速不对，但被另一位护理人员给调整回来了。优秀的领导者明白，对这些问题视而不见无助于创建更安全的环境。只有将这些问题摆在台面上，才有可能从中吸取教训并获得改进。

我们如何为惧怕失败推波助澜

目前为止，我们知道对失败感到紧张是有理可循的。即使失败很有价值，但它依然让我们感到尴尬，给我们带来切身的痛苦，甚至还有可能害我们丢掉工作。但是正如脸书的首席执行官马克·扎克伯格所说：“在这个日新月异的世界里，唯一注定会导致失败的策略就是不去冒险。”

我们害怕承担风险的一个原因是我们过分强调了潜在的负面结果。遭受损失的可能性会让我们在前进的道路上裹足不前。研究表明，只有潜在收益达到风险的两倍时人们才会行动。[9] 换句话说，如果风险是损失 100 美元，那么我们所期待的潜在收益为 200 美元。激励人们参与风险活动所需的确切数额不尽相同，但请大家考虑一下这个比例暗含的意义。假设抛硬币将决定结果，那么当你有 50% 的机会获得 300 美元，50% 的机会获得 0 美元时，你会投入 100 美元。这相当于预期回报率为 50%。因为如果少于这个数字，那么许多人都不会参与。然而事实上，我们做出的选择有多少能够真正一下子把我们的事业发展推进 50%？如果我们不能依靠极其有利的条件来协助自己的学习之旅，那么我们能做的是什么呢？

首先，我们应当明白，尽管惧怕失败，但我们实际上高估了未来面临的潜在痛苦，此即所谓的影响偏差（impact bias）。[10] 如果你的母亲像我的母亲一样总是坚信事情并不会像看起来那么糟糕，那么请相信她是对的。其次，研究表明，人们很难预测一个负面事件带给他们的情感冲击的强度和持续时间，这些负面事件包括任务失败、失去工作、搞砸面试、考试不及格或者被另一半抛弃等。[11]

例如，有心理学家曾邀请人们参加一个赌博游戏，参与者有 50% 的机会赢得 5 美元，50% 的机会损失 3 美元，大多数人都拒绝了这个游戏。[12] 这是因为他们预测输钱带来的痛苦将远远超越赢钱带来的快乐。事实上，研究人员发现，赢钱组报告的幸福程度与输钱组报告的痛苦程度相当。

为什么事情并不会像我们担心的那样糟糕？其中一个原因是当我们考虑未来时，相比于积极结果，我们往往更容易确立可能的消极结果。[13]很多研究结果都显示了消极结果是如何碾压积极结果的。对消极结果的预期会引发更多恐惧，而因为恐惧，人们会选择不作为，这样的循环也将继续下去。面对不确定性时，我们低估了失败可能带来的学习效益。举个例子，辉瑞公司（Pfizer）在研发药物UK-92480时，公司的科学家们希望该药物能够治疗导致胸痛的冠状动脉痉挛。虽然一次又一次的试验都失败了，但研究人员发现了此药物的一个意外功效：用药患者对性生活的兴趣大大增加了，而这种药最后变成了价值数十亿美元的大名鼎鼎的伟哥。并非所有失败都能产生回报如此丰厚的意外收益，但尝试了解挑战和承担风险的好处对学习来讲非常重要。

我们高估失败的消极影响的另一个原因是没有认识到失败是生活的常规组成部分。心理学研究表明，我们回应不良结果时通常会遵循以下四个步骤：注意、反应、解释和适应。[14]

第一步，当我们失败时，我们首先会注意到失败的发生。研究告诉我们，意外事件比预期事件更容易引起我们的“注意”，而失败本质上往往是出乎意料的，这一点并不奇怪。

第二步，我们对失败做出“反应”。在面临失败时，人的反应往往是消极的，包括惊讶、震惊、尴尬和恐惧等。我们在这一步时会格外慎重，不会轻易冒险，因为我们可能无法承受冒险的代价。但是，我们并不会真的止步于此。

在进行第三步的“解释”时，学习随即发生。当我们试图了解发生的事情时，我们可能会看到自己先前的理解中存在的缺陷。在这一步，我们开始寻找新的信息，并改变寻找信息的过程。

第四步，我们开始“适应”自己发现的新信息。适应既可以是情感过程，也可以是认知过程。如果我们理解失败的原因，明白这种理解如何推动我们前进，那么我们就能在“反应”过程中保持情绪稳定。

当你慢慢意识到失败并没有想象中那么糟糕，甚至还能为你带来学习机会时，你便可以从痛苦转向快乐。此外，当你实践新的习得行为时，你的认知往往会产生变化。

正常情况下我们的机体都有一套内置的失败防御机制，就像免疫系统一样，失败系统会对具有威胁性的外来元素做出反应。当我们处于最佳状态时，这些最先破坏稳定的威胁会引起我们的注意，致使我们做出反应，然后解释并适应，最终的结果是我们获得了学习。

对身边的失败熟视无睹

将失败系统与免疫系统进行类比，不仅因为两者都可以改善健康状况，也是因为两者都容易出现可预测的故障。当免疫系统将健康细胞误判为入侵者并试图杀死它们时，就会发生自身免疫类的疾病。比如，类风湿性关节炎的发生，就是由于免疫细胞在关节周围的组织中释放了引起滑膜炎症的化学物质；格雷夫斯病是由抗体导致甲状腺肥大并释放过量的甲状腺激素引起的；吉兰－巴雷综合征的起因是免疫系统攻击身体的中枢神经系统，导致肌肉力量减弱。

医学界仍在探索是什么原因导致人的身体向自己开火，但行为科学已经明确了失败系统产生故障的原因。

就像恐惧失败可能会让你不敢去尝试新事物一样，它同样也可能致使你在面对大量证据时仍否认失败已经发生。

这种自我保护的本能属情理之中，但它对学习会产生负面的效果。我们以可预测的方式，拒绝从失败中获取有益的信息。在这种情况下，解释和适应两个步骤起到的作用不是帮助学习，而是阻碍学习。我们对事件进行了错误的归因。此外，我们常常会调整我们的标准，说服自己没有发生任何失败，而不是在情感上适应失败。

为了理解周围发生的事情，我们会寻求判定因果责任（causal responsibility）。[15]我们想厘清为什么会发生某件事情，这是学习的重要组成部分，因为如果了解了事情发生的原因，我们就可以通过适应来改善以后的行动。但是，我们在进行因果归因时往往会遇到难题。正如诺贝尔物理学奖获得者理查德·费曼（Richard Feynman）所说："首要原则是你不能欺骗自己，而你自己就是最容易被愚弄的人。所以你必须非常小心。"[16]我们周围所发生的事件可能是个体行为和环境因素动态作用的结果。个体行为如准备大型销售会议，或在演讲中展现创造力；环境因素如竞争对手的新产品更能满足需求，或由于竞争对手的产品缺货，客户别无选择，只能购买你的产品。

//解构学习

基本归因错误

有研究将我们进行因果归因时所面临的困境称为“基本归因错误”(fundamental attribution error)。[17] 在一项经典研究中，研究人员调整了篮球场上的灯光照明，要求被试进行罚球练习。被随机分配到光线昏暗球场的投球手被判定为技术不如那些被分配到光线充足球场的投球手。[18] 换句话说，评估人员未能考虑到环境因素对结果的影响，而将所有责任归咎于个人。

//

同样的问题在很多其他情境中都可以看到。例如，作为一名投资银行分析师，我曾协助公司在我母校开展招聘工作。当时公司采取的第一条筛选标准是平均绩点，只要面试者的成绩低于4.0，就直接拒绝。作为团队中的一名工程专业毕业生，我不断提醒同事，工程专业的申请者总体平均绩点较低，所以我们不仅要考虑专业，还要考虑所修课程。我的经验与研究结果一致。有研究表明，即便众所周知，有些高分是由于分数“通胀”引起，但人们依然将高分与人才画等号。[19]

从学习的角度来看，错误的归因会带来不必要的困难。如果你没有充分了解某一结果是个人原因还是环境因素造成的，那么你提出的解决方案往往是不合理的。如果再加上失败这个主题，那么问题会变得更加复杂。心理学家指出，在考虑自己的失败与他人的失败时，我们通常会呈现双重标准。[20] 在评判自身的失败时，我们经常会过于强调运气和任务的难度等客观因素，低估主观能力和努力程度；我们在评价他人的所作所为时恰好相反。这为人的心理创造了一种天然的保护，“这不是我的错，这件事太难了，没人能搞得定”，或“这事完全就是运气，有时人家客户就是不想买”。但这种保护是以牺牲未来学习为代价的。当你将失败的责任归咎于外部事件时，你尝试学习的动机会受到负面影响。如果原因只是你不走运，那么何来从失败中学习这一说？

我与迪沃斯 · KC（Diwas KC）和弗朗西斯卡 · 吉诺（Francesca Gino）共同做的研究表明，这个挑战也存在于快节奏的心脏外科手术领域。[21] 心脏外科医生通过修复或更换心脏瓣膜、冠状动脉搭桥以及从总体上改善心血管系统损伤等方式，使得患者的寿命得以显著延长。然而，依然有患者在手术及护理期间死亡。我们在研究中试图明确外科医生从他们自己的失败和他人的失败中的哪一个学到更多。基本归因错误表明，他们可能将自己的失败归咎于运气不好或该病例本身就是无法挽救的，而将他人的失败归咎于技艺不精或不够努力，从别人的失败中可以获得更多的学习机会。我们对 70 位资深外科医生的 10 年行医数据进行分析之后发现，他们平均从别人的失败中学到的东西多于从他们自己的失败中学到的，同时个人的失败会导致未来表现更差。

为了在另一个情境中更深入地探讨这一主题，吉诺、我以及克里斯 · 迈尔斯（Chris Myers）一起研究了人们的实际归因过程。[22] 我们与受过大学教育的专业人士进行了一系列决策实验。第一次实验是在线练习决策，关于决策的重要信息被隐去了，但是被试可以通过点击一个网络链接获得该信息。完成练习后，我们对被试进行了一项调查，其中包含有关归因的问题。在他们的回答中，有人将失败归咎于客观条件（“这个活动隐去了重要信息”），也有人承认是自己的责任（“我忽略了关键信息”）。我们发现，将第一次失败归因为内在因素的人更有可能从失败中获得学习，从而在第二次实验中比没能从失败中学习的人有更佳的表现。

当我们无法认识到失败的存在时，我们还可能会进行相对比较而不是绝对比较。虽然失败可以带来自我完善，但人们渴望保护自己形象的本能往往会阻碍其发生。[23] 失败能给人带来潜在威胁，所以我们会试图弱化失败的发生。在失败发生后，我们或许会将自己的表现定义在与最初不一样的标准之上。也就是说，我们可能会进行相对比较而不是绝对比较，甚至改变对结果的评价指标。如此导致的最终后果不是以后再也不会失败，而是只满足于达到期望值。

关于这一问题，我大一时上物理课的经历就是一个很好的例子。因为整个高中时期的表现都很出色，所以我期待大学中能够让辉煌继续。我把自己视为一名尖子生，就是那种只需一点点努力，依靠自己天生的聪慧就能应付一切的学生（啊，多么天真烂漫的年轻人）。得克萨斯大学奥斯汀分校的荣誉工程课程让我大开眼界，不过我是花了点时间才认识到的。当时我 18 岁，焦急等待着第一次物理考试的成绩，因为我担心这次考试及格不了。试卷上被圈起来的分数“27”，证实了我最担心的问题。我思考着自己在工程学领域的未来在哪里，我怀疑自己的所有自我认知是不是都错了。这时只见教授大步流星走到黑板前，写下了全班的平均成绩——比 27 分还低好几分。

虽然我的成绩高于平均水平，但我考试中的表现表明了我物理知识上的严重贫乏。我采用的考试技巧让我在对课程内容理解很少的情况下也能获得高于平均水平的分数。然而，我从绝对比较（考试不及格）转变为相对比较（高于平均分），这让我认为自己的表现合格，而不是真正下苦功夫钻研课程内容。[24]

假如转而采取相对比较，不但可以避免失败带来的痛苦，而且很可能因此改变我们对结果的评判标准。例如，一些商学院在排名低于预期之后，将注意力转向了排名评测中未使用的维度上，例如创业文化。[25] 美国达特茅斯学院塔克商学院（Tuck Business School）的皮诺·奥迪亚（Pino Audia）和西班牙 IESE 商学院（IESE Business School）的塞巴斯蒂安·布里翁（Sebastien Brion）所做的相关研究工作表明，无论是在实验室还是在真实场景中，当初始表现低于预期时，决策者往往会将注意力转向对他们有利的次要衡量标准，比如盈利能力而不是实际收入增长。[26]

我和保罗·格林（Paul Green）、吉诺在一家公司的年度员工评估工作流程中看到了同样的一幕。[27] 该公司采用了相对标准的 360 度评估方法。首先，员工完成该年度自我评估，然后由其他人为这位员工的表现进行评价。每一条评价是谁提出的都清清楚楚，并且除了规定的评估人员外，每位员工享有一定的自由裁量权，可以自主选择由谁给自己提出反馈。

从理论上讲，该流程可帮助员工认清在哪些地方需要改进，即经由他人观察发现的问题，有别于本人的主观看法。然而，这个过程并没有看上去那么简单。纵观 4 年的数据和近 6000 条评价，我们发现，员工们并没有积极把握从失败中学习的机会，而是想方设法避免失败。在收到低于自我评估的评价后，员工往往会在下一次评估中不再选择这些提供负面反馈的评估者。更糟糕的是，这些员工第二年的业绩会因此下降。

最后，员工们不仅因为否认失败而改变了绩效评判结果，而且还可能会采用反事实思维（counterfactual thinking）。阻碍有效学习的一大因素就是对其他与事实不符的“可能性”做假设。一名教练输掉一场势均力敌的比赛时，他或许会说这场比赛他们取得了“道德上的胜利”，并认为本来预期中的比分差距还要更大。心理学研究表明，与向下的反事实对比能让我们自我感觉更良好。[28] 而且，对比得出的结论很可能是准确的，比如公司如果没有推出这款新产品，结果可能会更惨。然而，还有另一种很大的可能性，就是新产品在市场上水土不服，或者新产品对公司已有的一款利润更高的产品造成了冲击。如果没有努力深挖事情背后的原因，那么在这种情况下做反事实对比，实则是剥夺了自己宝贵的学习机会。

如何从失败中学习

虽然我们是自己最大的敌人，但是就如何从失败中学习而言，突破自我的限制完全是有可能的。第一步就是消除对失败的偏见，承认虽然失败的可能性很高，但它并不能阻止你尝试新事物。

消除对失败的偏见的一种方式就是将失败公之于众。研究表明，与他人分享失败经历有可能提升自己的表现。林晓东（Xiaodong Lin-Siegler）教授和她的同事曾经对纽约的高中生进行过一组现场实验。[29] 他们让对照组成员阅读爱因斯坦和居里夫人等伟大科学家的成就。其中的一个实验组阅读这些科学家曾遇到过的技术难题（例如居里夫人承受了一次又一次实验失败的打击）；另一个实验组阅读科学家们遇到的个人困难（身为犹太人的爱因斯坦需逃离纳粹德国）。在持续六周后，两个实验组的学习表现均好于对照组，并且之前表现差的学生成绩提升显著。这说明与自己或是他人交流失败的经历可以培养在失败中学习的习惯。

将失败透明化有助于我们承认每个人都会经历失败。[30] 接受失败不等于可以不负责任地失败。例如汤姆·克罗斯比要求自己与他人都要承担起责任：只要不违反法律、道德和伦理，不管什么类型的错误你都可以犯“一次”（“一次”上的引号是我加的），但是不要犯同样的错误。

消除对失败的偏见也意味着我们从选择不行动转变为选择行动。我们不愿意承担损失，而失败一般都可能带来损失。与其考虑现状的不确定性和更换做事方式存在的风险，不如设想一下现状潜在的风险和学习新事物带来的确定性。明确不学习会带来的不确定性，同时弄明白通过尝试新方法能获得的众多好处，这一点十分重要。皮克斯动画的联合创始人艾德·卡特姆（Ed Catmull）在他的著作《创新公司》（*Creativity, Inc.*）中总结得恰到好处：“错误不是必要之恶。错误本身并不邪恶，它是尝试新事物时必然会产生的结果。同样，它是有价值的。不犯错误，我们也不会有创造力。尽管我认为主动接受失败是从失败中学习的一个重要部分，然而我也承认，只认可这一事实是不够的。失败让人感到痛苦，这种伤痛往往会让我们无法认识到失败的价值。为厘清失败的好处和坏处，我们必须既要认清痛苦的现实，又要认识到失败引发学习所带来的益处。”[31]

接下来再思考一下你的未来。问问自己，如果不尝试新事物会带来哪些后果？我将这道题称为“年度评估测试”。如果一年内环境有所变化，你都做了哪些事情来提升自己从而拥有更好的前景？你会因为没有做哪些尝试而感到后悔？如果能这样做，那么前文中提到的参加评估的员工们还会选择逃避负面结果吗？他们是否会明白，通过改进自我进而改善下一年的评估反馈，才是他们需要面对的学习任务？

从失败中学习的另一种方法，是在遇到失败时有效地利用它，也就是“解释”。我们可以通过多种方法提高从失败中学习的概率，其中一种方法是消除歧义或者消灭借口。我、迈尔斯以及吉诺曾经研究过环境是否可能鼓励人们将责任归结于自身。我们分配给参与者一个任务，让他们仔细查看特别准备的红细胞涂片，寻找异常现象，也就是受损脾脏的破损标志——染色质小体。我们告知一部分参与者他们已成功找到异常现象，告知另一部分参与者他们没能找到异常现象，同时告知一半的参与者他们使用的互联网浏览器会偶尔出现图片显示异常的状况。我们发现，被告知这一理由的参与者更倾向于将自己的表现归咎于外界因素（浏览器故障），而后也不去做改进。

当你给自己设立了目标，为了让自己主动承担责任，你可以寻求别人的帮助，帮助者可以是配偶、朋友、同事，甚至是像 stickK.com 那样的外包服务商。[32] 设立目标会增加你实现目标的可能性，但是也需要你明确达成目标需要采取哪些行动，你甚至可以找一个外围裁判来评估你的表现，以便让你不错失提升的机会。

最后一点是，数据是避免糊弄自己的有效工具。如艾德·卡特姆在文章中写的那样：“数据以中立的态度展示事物，促进讨论，挑战个人惯性思维。”[33] 山间医疗保健公司（Intermountain Healthcare）处理数据和失败的方式对我们颇具指导意义。[34] 山间医疗成为提供高效优质的医疗保健服务的领军企业，部分原因是使用了标准治疗办法。但是如果发现标准办法不适用，他们可以采取差别治疗。不管是标准办法不适用于实际情况时，还是医生并不了解实际情况时，差别治疗都是适用的。当有医生采取差别治疗时，患者会拿着医疗数据找医生讨论发生了什么。这种情况下往往存在无限的学习机会。治疗效果有了医疗数据的支持，很难被质疑。如果发现了更好的治疗方法，那么医生们同样会用这些医疗数据来研究为何这种治疗方法更好。

通往成功的阻力很大，但并非无法克服。为了克服阻力并从失败中学习，你必须先承认失败并不如你想象的那么糟糕。此外，当你失败时，不要归咎于外界原因或者否认失败这个事实，不要错失学习的机会。要记住“成功就是不断失败而不丧失热情”。[35]

2/8

成绩目标不等于学习目标

今天的社会急切浮躁，我讨厌这样。要实现大目标，先把小事做好。

——

汤姆·伊佐（Tom Izzo）

我有三个儿子，他们都很喜欢打棒球，这很像我，因此本书中我会多次使用棒球做例子。我很幸运，曾经执教过他们分别所在的棒球队，终有一天他们在棒球方面的知识储备和技能提升都将超越我。最近，我的大儿子在满垒时上了本垒，并造成对方暴投的投手一次出局。球队中的其他人不是击球不中，就是在保送上垒。他击中对方的一次投球，但是这一球直接飞向了对方的游击手，结果那个游击手一下跳起，抓住了球，然后奋力一击，轻松地双杀了我大儿子一方从二垒到一垒的两名球员。

事后，我大儿子的反应并不是觉得他在这场比赛中做了他该做的一切，而是觉得自己很倒霉。他对我说："爸，就算没怎么用力击球，打出地滚球也能得一分啊！"当然，没有哪个教练会对自己的队员说"搏运气的时候可以击球失误"。但经历过那不幸的一幕后，我大儿子却希望听到教练这么说。而当我另外的两个儿子评估自己在球场上的表现时，也和我的大儿子一样。由于在意是否上垒（更注重结果），他们更喜欢看自己的击球有多漂亮，而不去关注击球有多用力或者把球打到了哪里（更关注过程）。

他们的这种倾向性并非个别现象。绝大多数时候，即使我们明白要达到某个学习目标就得评估学习过程，但我们还是忍不住将结果放在首位。然而罗伯特·布思（Robert Booth）的学习方法可不是这样的，我们可以从他的做法中了解关注过程的学习方法是如何指引我们获得想要的结果的。

骨科手术中对过程的关注

20世纪70年代，罗伯特·布思成了一名骨科医生，和其他骨科医生一样[1]，他就是做一些髋骨或髌骨置换手术和关节镜检查，以及在矫形手术中提供非手术性质的护理服务。然而，随着时间推移，布思渐渐注意到，要想为患者提升手术效果，他就必须了解手术前后的所有流程——从初次会诊，到手术，直至患者最后康复。他决定先集中精力专注髌骨和髋骨的置换手术，到后面则完全专注于全膝置换手术。于是，他做了大量全膝置换手术，对整个手术的全部流程也越来越熟悉，并因此找到需要改进的地方。

布思模式的核心宗旨是快速完成工作，为患者争取可能的最佳结果。他写道："我听说骨科医生有三类——又快又好的、快但不好的、又慢又不好的，但就是没有做得慢却做得好的。很显然，做骨科手术的重点在于迅速和高效。在有些医疗中心，初次全膝置换手术的平均时长不到30分钟。如果你想仔细观摩手术，应该重点观察的是手术过程，而不是看那些假肢。手术操作的效率越高，我们对手术过程的了解就越深入，技术水平就越会得到提升，手术效果也就越好。"[2]为了有效且高效地学习，布思创造了自己的方法，把手术当作系统工程去观察，并不断完善自己的方法。

布思比照其他的骨科手术，对自己的方法做了不少改进。针对术前护理，他有简单的做法，如在手术前夜，他会私下与患者通话，安慰患者，减少患者的恐惧感，降低手术不良率；他也有更复杂的处理方法，比如向他工作的医院申请专属许可，为实践活动提供专用空间，使其团队能专注于提高自己的工作效率，更可避免受到其他干扰。他对许多环节进行了标准化的改进，比如设定某个过程的每一个步骤应该如何进行，再比如用站姿而不是卧姿来进行 X 光扫描，以获取理想的全膝精准图像等。

和其他骨科医生不同，布思及其团队重视过程的各方面。每年他和他的团队都会分析使用过的手术工具，将使用频率不高的排除。这样不仅省钱，而且省去了给这些不怎么使用的工具消毒的时间，还为手术室腾出了空间。不需要的工具不会被扔弃，而是放入消毒过的设备保存，以备不时之需。

布思甚至关注给设备消毒的人员，定期管控其数目。一般来说，这类人员的收入是医院中最低的。但布思意识到，如果没有这些人，他就无法进行手术。布思带消毒人员进入手术室，向他们展示消毒设备的操作关键点，并且用竞争的机制激发他们的工作积极性，完成得最好的人能获得当地体育比赛的门票。最后，布思还会对整个过程进行协调。他每周都会召开一次团队会议，不仅部署下一周的工作安排，也会重点讨论工作中可以改进和提高的地方。

布思将他关注过程的态度也带进了手术室。随着时间推移，他发现硬膜外麻醉技术在膝盖置换手术期间和术后的镇痛效果最好，但是麻醉的生效时间较长，而操作过程也更复杂。因此，他与麻醉专家及院方开展合作，确保手术时在操作台附近能有额外的空间进行该项麻醉。

为了提高效率，布思总是与同一个团队的护士协作。这些护士和他配合默契，当他示意需要什么时，他们都能明白。他也只用同一个供应商提供的各种替换关节。虽然这些部件不可能完美适应每个患者，但其中的偏差一般都很小。这使得布思得到了供应商的特别关注，也让他进一步了解了部件的复杂度。此外，他还能对这些假肢提出创造性的改进建议，从而提升假肢的使用效果。布思这样做可不是为了走到科技的前沿，他只是认识到了关注和了解过程对提供有效且高效的治疗具有重要作用。因此，相比于脑海中一个个天马行空的念头，布思认为还是坚持使用经过检验和改进的一套方法来得更为有效。完成了所有程序之后，布思会把自己的电话号码留给患者，这样能给他们带来安慰，并及时跟进后续问题。

布思关注过程，这为他本人以及他的患者都带来了极大的益处。15年间，他是全美做全膝置换手术次数最多的骨科医生。美国膝关节协会先后4次为他颁发了科研奖，并任命他为协会主席。[3]

布思的例子告诉我们关注过程的确不易，但其中可能会涌现出一些能够改善结果的机遇。如果我们对一个体系的每个部分都仔细研究的话，我们就能更深刻地理解这个体系。实践不仅能够加强我们对各个部分的理解，也能让我们对其相互之间的联系看得更为透彻。这样的方法，即使关注的不是结果，但是到最后，结果也一定会有提高。关注过程的学习者会认识到自己的能力不限于学习，经过一番努力，通过细致的研习，他们身上将会发生巨变。

为何关注过程会促进学习

关注过程的学习者有很多，在许多地方都能找到他们的身影。日本的大野耐一（Taichi Ohno）就是一个例子。大野耐一创造了丰田生产方式，使得丰田汽车很快走出了第二次世界大战后的艰难岁月，一跃成为世界最大、持续盈利能力最强的汽车制造商之一。大野明白，任何组织的体系都不是完美无缺的。这不是因为人们懒得完善或是不努力完善，而是因为几乎没人能够完全看透一个复杂的体系，即使有，外部环境的改变也会带来新的挑战。他常说："没有问题才是最大的问题。"由于所有体系都有缺陷，因此找到这些缺陷并将之消除，才是完成学习和获得提升的唯一方法。大野的生产方式，今天被称作"精益生产（lean production）"[4]，现在不仅用于制造业，而且还广泛地适用于其他行业，如医疗业和软件业。[5]

有一个关于大野的故事：有一次，大野受到了超市取货员手中绳子的启发——取货员一拉绳子，取货车就会停下来。他由此创造了"暗灯系统"，在生产线上安装"暗灯绳"，并嘱咐员工，一旦生产过程中出现任何异常状况，都要拉动"暗灯绳"。有了这根绳，员工们就能立即找到出现问题的地方，将问题解决。

在体育比赛中，关注过程也是获胜的一个法门。戴维·布雷斯福德（David Brailsford）2010年当上英国一家职业自行车队"天空队"的执行主教练和总经理之后，立志要将车队所有业绩提升 1%。他将车队的方方面面都仔细地优化了一遍，从骑手的训练、饮食，到避免感染的最佳洗手方式、能提供最佳睡眠的枕头以及最佳按摩胶等，几乎做到了事无巨细。[6]布雷斯福德对过程的关注得到了回报，他的车手不仅连续赢得职业自行车赛界最负盛名的赛事——环法自行车赛，他还带领车队获得了 2012 年伦敦奥运会自行车比赛项目 70% 的金牌。正如拥有多个全国冠军头衔的美国亚拉巴马州橄榄球队教练尼克·萨班（Nick Saban）所说："系统性地做事能够让你看到哪些环节是重要的，然后你会花更多的时间去研究怎样完善这些环节。"[7]

为什么关注过程对学习如此重要？本质上说，学习者必须理解输入会为重要输出带来什么样的影响，以及怎样带来这些影响，换句话说就是为学习的本质原理建模。

通常，你需要完成一些任务，如用假肢置换髌骨、造车或者赢下一场自行车赛等。但要完成这些任务，你需要明白任务由哪些环节组成，并理解这些环节之间的相互影响。关注过程对两者来说都具有价值。

当你花功夫研究过程，你会发现完善过程所需要的输入因素远比最初预想的要多。布思认识到他的患者得到的治疗效果的好坏主要取决于他，但除了他之外，还取决于其他许多因素，包括护士、麻醉师、中心供应站的工作人员、行政管理者、选用的假肢等。选择与什么样的人开展工作，也是一项输入因素。如果你把精力集中于结果，而非过程，那么很多细节问题就会被掩盖，你的过程搭建也将残缺不全。

即使你能很精准地找到输入因素，你仍然需要理解这些因素之间是如何相互作用以产生某个结果的。在某些学习情景中，学习的过程很简单。比如说，21点游戏的玩法就是在不反复看牌的情况下，让手中牌的点数之和不超过21，而且比庄家大。每张牌上的数字就代表这张牌的点数——J、Q、K和A除外，J、Q、K代表10点，而A则代表1点或者11点。开始时，庄家给每个玩家发两张牌，都面朝上，再给自己发两张牌，一张面朝上，一张面朝下。然后每个玩家开始决定是“要牌”并向庄家拿一张牌，还是“停牌”。玩家手里的点数超过21则“爆牌”出局。如果玩家手里的点数低于21，则庄家手中的点数大于等于17才能进行比较。

21点这个游戏让人迷惑。玩家得做出一系列的选择，包括分牌或者双倍下注等额外的动作。但如果我们对21点的游戏过程进行仔细研究，还是有可能吃透这种游戏的特点的——在游戏中针对各种情况提出最优方案。借助电脑我们可以不断模仿可能的结果，之后根据玩家手里的点数和庄家展示的牌面，就可以决定到底是要牌还是停牌，到底怎样才能将赢面最大化。例如，如果庄家展示的牌面为7点，而某玩家手里有16点，如果每次都是这样的话，则玩家每次都得要牌，而这样有爆牌的风险；但如果不要牌的话，则失败出局的可能性又会大大高于要牌。[8]

虽然21点游戏中有许多环节并非一成不变，但是我们仍然有可能模拟出每种局面的最佳选择。因为所有输入因素（扑克牌）是已知的，输入因素间的相互作用（有规则决定庄家什么时候该要牌或停牌）也是已知的。这些信息全部已知，那“学会”21点就是完全可行的。

要是现实生活也能这么清楚明白就好了。

在 MBA 课程中进行实操教学时，我首先从关注过程开始，我们把这种关注称为“过程分析”。我在哈佛商学院读 MBA 时也是这样做的。第一天上课，弗朗西丝·弗莱（Frances Frei）教授就向我们展现了过程分析的魔力——她介绍了红花日式烧烤店。不可否认，从见到弗莱教授的那天起，我就一直紧张不安。她先是给我们安排好作业，然后分好整个学期的听课座位。我记得她刚介绍完自己，就走向教室的中间大声地说：“最后一排的学生，我会盯着你们的！”她也许还说了些别的，但因为我就坐在最后一排，别的话都不重要了。整节课我们都在画图，记录红花烧烤店从顾客进店一直到他们离店为止的每一个服务步骤，我们称之为“流程图”。从某种程度上来说，我成功地熬过了第一天。

通过理解整个过程，我们发现红花烧烤店已经具备了足够的条件来创造全新的餐饮形式了。店里的每个流程都环环紧扣，从设立隔断为顾客打造 8 人的包间（提高空间利用率），到规定上餐的顺序——先上便宜的蔬菜和米饭，并配以一小份昂贵的肉（尽管量不多，客人们却记得自己吃了很多肉），直至最后擦洗烤肉架、让吃完的客人尽快离桌，以便为下一桌来客腾出桌位。弗莱教授为我们生动地揭露了一个事实，即深刻理解过程，能让我们建立起一套较为完善且能不断完善的模式。

当学习者将注意力集中于过程时，他们往往能看透纷繁的表象，直达本质。加州大学圣迭戈分校的罗杰·博恩（Roger Bohn）教授主要研究半导体制造工厂里的学习现象。他发现，在那些生产效率高、能很好地控制噪声的工厂，学习的效率更高。[9]

关注过程不仅能帮助我们确定各种输入因素之间的关系，还能揭示因

果关系。常言道："有关联不一定表示有因果。"这句话很好地抓住了这里的要点，即 a 和 b 即使有关联，a 也不一定会导致 b。研究假性相关项目（the Spurious Correlations project）的泰勒·维根（Tyler Vigen）不遗余力地记录了各种奇怪的、相互关联的数据，但这些数据相互之间都不具有明确的因果关系。举例来说，2000—2009 年，美国的人均奶酪消费量和被床单缠绕致死的人数呈现 94.7% 的相关度；1999—2010 年，美国肯塔基州的结婚人数与从船上落水淹死的钓鱼者的人数也呈现了 95.2% 的相关度。

还好，不管是爱吃奶酪的人，还是准备结婚的肯塔基人，都无须担心他们的生命安全。明眼人都能看出，这些数据都是假性相关。如果只关注结果，我们也许会认为这些数据真是有关的，它们之间的关系由随机变量甚至第三方因素决定。但如果仔细研究你想了解的过程，你对因果关系的理解也会加深。

在关注过程的思维模式下，工作如何往下进行？我们可以在职业棒球比赛中找到很好的例子。职业棒球比赛中参赛球队的最终目标是获得冠军，这就需要赢得比赛。成功的球队会努力赢取更多的比分（多进攻），并且尽量减少失分（减少投球和防守）。不论是棒球界的经理人，还是球探，都会寻找具有高击球率（按照官方确定的击球数）和高长打能力（能够完成本垒打或打点得分）的球员。但当比尔·詹姆斯（Bill James）和所谓的棒球数据统计员查看数据时，他们意识到这种模式并不完善，有些地方不完整，有些地方甚至是错误的。固然人人都想练就高击球率，但击球不过是上垒的其中一种方式。如果某个击球者打到的是四坏球，则他会取得一个保送并上一垒。保送就相当于是击球，但计算打击率时却并不被计算在内。类似的是，本垒打确实有它的价值，但两连击或三连击同样也有价值。而且，击球得分从很大程度上说不是由打击者说了算的，因为除非他本垒打了，否则必须有人上垒他才能得分。

因此，我们用来评估球员进攻能力的方法从本质上说就是有缺陷的。数据分析师们意识到有必要找出真正影响得分的因素，通过关注过程，他们可以学会怎样更精确地从不同方面来评估击球的质量，最终让被市场高估或低估的球员回归应有的位置。[10]

即使时间紧迫，关注过程也能够帮助你在学习目标事物的进程中养成自律的习惯。约翰·斯坦贝克（John Steinbeck）在撰写《愤怒的葡萄》（*Grapes of Wrath*）时，在日记中回顾了整个写作过程并写道："写作的时候，习惯似乎是一股比意志力或灵感强大得多的力量。因此，在习惯形成前，写作不过是一种强烈的冲动。至少我是不可能说出'我想写就写了'这样的话来的。"[11] 关注过程，尤其是当你有一个明确的学习目标时，将会帮助你形成良好的学习习惯。

妨碍过程聚焦的挑战

既然我们已经知道聚焦学习过程的重要性，为何我们还是常常关注结果？首先，我们错误地认为结果的意义比其实际的意义更大，这被称为"结果偏差"（outcome bias）。其次，我们认为结果反映了我们已尽的能力，因此用结果来评判自我。也就是说，我们关注的是成绩目标，而非学习目标，这是不对的。让我们来依次审视每个因素。

结果偏差

// 解构学习

随机性

随机性（randomness）是学习中的一个普遍性挑战。搭建一个模型，无论是心智模型还是其他模型，都很有必要，因为这有助于我们辨别信号与干扰。如果没有这种模型，不同的结果便会影响我们对发生事件的理解：如果结果是积极的，我们对过程的评价也会是积极的；反之亦然。不可否认，结果确实很重要。当我们尝试新的思路但不奏效时，我们可能会想着去重新理解造成这些结果的原因，或者认为过程是正确的，只不过是我们不太走运。当我们成功时，关注过程就很可能产生晕轮效应。而当我们失败时，即使根本原因是随机性，我们也会假定过程出现了错误。正如沃顿商学院教授凯德·梅西（Cade Massey）所说："如果人们能够理解变数，哪怕是只理解那么一丁点儿，那么这个世界将会少很多闹剧。"

//

因为结果的存在而对过程产生不正确解读的，不只限于打棒球的儿童。杨百翰大学的拉尔斯·来福格伦（Lars Lefgren）、布伦南·普莱特（Brennan Platt）与约瑟夫·普莱斯（Joseph Price）教授对职业篮球教练在胜负难分的比赛状态下如何调整战略开展了研究。[12] 在比分接近的情况下，双方教练从比赛中获得的信息是相似的：两方队员几乎实力相当。[13]但研究人员发现，输球队的教练比获胜队的教练更有可能改变下一场比赛的首发阵容，甚至在他事先明知会输掉比赛或球队是由于某些不可控因素而失败的情况下，结果更是如此。[14]

结果偏差的挑战也在受控的实验室环境中得到了证实。丽贝卡·拉特纳（Rebecca Ratner）与肯尼思·赫布斯特（Kenneth Herbst）以一个简单的问题引出了一项实验：在未获取关于风险或失败的其他信息的情况下，假设你有 5000 美元，你的目标是收益增长 15%。一位经纪人有 54% 的可能在接下来的一年中达到此目标，另一位经纪人只有 43% 的可能，你会把钱投资给谁呢？[15]若只有这一条有限的信息，选择是显而易见的；但别忘了，还有一种可能存在于你做决定之前，那就是经纪人本身存在判断失误的可能。研究人员把参与者分成了两组，并让他们花了 20 分钟参与了其他几项不相关的任务，之后随机改动了得到的投资结果——要么是 15% 的亏损，要么是 15% 的增益，然后让参与者小组对先前的决定进行打分。获得收益的小组平均评分为 6.33 分（总分为 7 分），遭受亏损的小组平均评分为 4.57 分。显然前者比后者评分更高。这两组人员获取了同样的事前信息，但这个结果并无实际意义。毫无疑问，在同等收益的前提下，与 43% 的收益可能性相比，选择 54% 是正确之举。此外，通过多次研究后，研究者们发现，结果偏差是受消极情绪反应驱使的。因为在获得一项结果后，当我们费力地去思考实际发生的事时，往往认为好结果会反映好过程，而坏结果反映糟糕的过程。[16]

这种有失偏颇的评估为学习带来了根本性的挑战。这并不是说我们应该忽视结果，而是说我们对结果的关注太多。我们应学会对结果给予合理的重视。实际上，当一个人处在过度关注结果的环境下，可能会导致不够努力。[17] 有句老话说："你绝非得意时人们所说的那么好，也没有失意时别人所说的那么差。"这绝不是给失败者找的借口，这句话蕴含着一条深刻的真理：**与其从结果的视角来评判过程，不如审视一下事件的过程。**

固定型思维

尽管《小火车头做到了》(*The Little Engine That Could*) 这本书首次发行于 20 世纪早期，但书中小火车头不断重复的"我想我能做到"的思想却与研究我们如何学习是相通的。斯坦福大学的心理学家卡罗尔·德韦克（Carol Dweck）已证实，人们对智力倾向于持有以下二者之一的观点：智力可以一直被提升，这被称为成长型思维（growth mindset）；个人天生具有既定的智力，即固定型思维（performance mindset）。[18] 这两种观点对研究过程聚焦与学习具有重要意义。

// 解构学习

固定型思维与成长型思维

一个人如何看待智力，影响着他如何思考过程与结果的关系。对于固定型思维而言，结果是可评估的。换言之，成功与否是个人智力的直接结果。然而，对于成长型思维而言，结果仅仅是有关过程状态与个体一般知识的一种呈现。[19]

//

在一个针对以上课题的研究中，克劳迪娅·米勒（Claudia Mueller）与德韦克主要研究了赞扬一个人的智力而非努力是如何影响他对智力的看法及随后的学习行为的。[20] 在多次试验中，被试儿童得到的表扬是随机的，要么是“你真的很聪明，居然解决了这些问题”，要么是“为了解决这些问题，你付出了很大努力”。与被表扬努力的儿童相比，被表扬聪明的儿童的智力提升空间更小，他们也在随后的各项任务中表现更差，耐性更低，且对完成这些任务不感兴趣。

这些研究结果既适用于学生，也适用于企业员工。对世界《财富》1000 强中的 7 家企业的研究发现，成长型思维与员工是否更具幸福感、更富创新性、敢于冒险及业绩更出色是有关联的。[21] 在我与丹·凯布尔（Dan Cable）、弗朗西斯卡·吉诺、朱莉娅·李（Julia Lee）、艾莉森·W. 布鲁克斯（Alison W. Brooks）一起开展的研究中，我们研究了咨询人员的成长型思维对其随后工作表现的影响。我们发现，绩效表现与学习之间存在着关联，拥有成长型思维的个体更有可能帮助他人获得成功。

成长型思维还会影响我们的大脑对挑战做出的回应。密歇根州立大学的贾森·莫泽（Jason Moser）教授和他的合作者根据个体是否具有成长型思维来观察他们的认知反应。[22] 在被试完成分配的任务后，研究者将被试的大脑与电极连接，测量被试的大脑活动。研究发现，在接收到不正确的回答后，持有成长型思维的被试展现出了更活跃的大脑活动。尤其值得注意的是，他们大脑中的错误正波幅度增强了，这是一种大脑信号，用来捕捉分配给错误反应的注意力。[23] 当我们关注从过程中学习时，我们的大脑不会假装有信心，相反，会主动尝试去学习与取得进步，就像是小火车头被赋予了新的动力源一样。[24]

如何从过程中学习

我们可以通过多种方式来构建过程聚焦。首先是聚焦本身。玛莎·格雷厄姆（Martha Graham）被《时代周刊》誉为“世纪舞者”。她不仅是一名卓越的舞者，还是一名著名的舞蹈编剧，创造了诸多舞蹈技艺。在描述过程时，格雷厄姆说道：“对于舞者而言，自由意味着自律。舞蹈技艺是为了解放。”即使是在以舞蹈为背景的小说中，成功也取决于对过程的理解。一旦我们理解了基本知识，便可以举一反三，实现卓有成效的创新与学习。

在布思、布雷斯福德、大野耐一与格雷厄姆的过程方法论背后是深刻的练习。他们并不企图立即改善整个过程，那将毫无效果。相反，他们聚焦于微小而可消化的碎片。无论你是在学习如何谈成一笔买卖、策划一笔金融交易还是在练习击中棒球，从短时间就可以掌握的小事开始做起，能使你有效聚焦过程。

这就意味着需要培养一种敏锐的眼光，察觉创造价值的环节。在拓展工艺流程图时，大野耐一调整了过程，创建了“价值流图表”。他意识到，在一个过程中，那些被浪费的环节，即无附加值的步骤，大部分是因为社会化形成的。如果不聚焦过程，则无法知晓什么是可以去除的环节。丰田汽车公司运用工艺流程图来描绘输入，用步骤图创建输出，并将每个步骤归类为增值步骤或浪费步骤。无法为客户提供价值的步骤是可以去除的。

价值流图表证实：一个人不能够也不应该解决所有事情，他应该处理那些具有最高价值回报的事情。

这种方法适用于多种环境下的学习。例如，我在维布络公司开展了一项研究，主题是该公司如何将丰田生产方式运用到软件开发中。[25]我看到了很多团队运用价值流图表去梳理并完善他们的开发过程。一个编写打印机软件代码的团队在测试打印机时发现步骤冗余。例如，测试用的打印机在不同的楼层，测试人员必须来回奔忙，并且当打印出现错误时，他们只能寄希望于在回去操作打印机之前，不会有人改动打印机的设置。另一个团队发现，他们用于客户反馈的流程中包含多项冗余的会议，可以进一步精简。同样，还有团队认识到，其编写代码的基本方法过于线性化，没有达到迭代的程式，因此无法快速地从错误中学习。

反对过程聚焦的论点通常认为，过程聚焦将人变成了机器人。而管理学大师弗雷德里克·泰勒在他的著作《科学管理原理》（*The Principles of Scientific Management*）中指出，运用过程控制，工人可以“运用其独创性的见解更新知识体系而非改造过时的事物”。[26]关键在于我们为何要聚焦于过程。若是为了学习，可将各个步骤视为提升的根基，如此一来，过程将会有力地推动进步。

要在过程聚焦上取得进步，你需要一些措施去捕捉正在发生的事情。还是以棒球为例，赛伯计量学即棒球资料统计分析的重大转变之一在于从探讨胜负转向研究对胜负起决定作用的因素。在早期，研究者只考虑了得分与其他有限的措施。然而，随着科技的进步，这些措施也有了发展。2015年，职业棒球大联盟在每个棒球场上配备了运动员实时追踪系统（Statcast），这种技术结合了雷达技术与高清摄像头，可使评估者对比赛过程进行评估，如球棒击球的力度有多大（出球速度）、每个球在体育场内到达的地点与防守人员采取的截球路线分别是什么。有了这种程度的数据后，评判过程的成功与否变得可能。例如，坦帕湾光芒队（Tampa Bay Rays）在评估球员时关注的就不是击球率，而是出球速度。[27]

企业也在尝试将过程评估纳入绩效评估环节。一项数据表明超过半数的高管认为自己所在公司的业绩管理方法（通常为结果聚焦型）几乎毫无价值。收集到这些数据后，德勤咨询公司决定提高绩效考核的频率，采纳更多聚焦于过程的问题，从而避免只聚焦结果带来的问题，同时也促进了学习。[28]同样，通用电气公司已经摒弃了传统的业绩评估办法，如杰克·韦尔奇（Jack Welch）提出的著名的结果驱动型办法，这种方法每年都会被用于对底层员工进行裁员。通用电气公司的这项转变也包含了过程聚焦，同时还提出了新的措施，但转变的过程没有那么快。通用电气公司的人力资源部高管贾尼斯·森珀（Janice Semper）说："毋庸置疑，挑战在于你如何摒弃旧有习惯，以及如何创造新的习惯。我们在尝试着增加改革的力度。"[29]

早期研究关注的是成长型思维与固定型思维，将其视为持久的个体特征。然而，更进一步的研究发现，成长型思维可以通过教授而习得。[30]彼得·赫斯林（Peter Heslin）、加里·拉思兰（Gary Latham）与唐·范德瓦尔（Don Vandewalle）教授研究了管理者的思维如何塑造他们与员工的工作方式。[31]在多个研究中，研究者们发现，具有固定型思维的管理者不太容易看到员工的才能，员工也更有可能固执己见。通过教育，管理者的思维发生了转变，也带来了业绩的提升。拥有成长型思维的人能发现提升自我与同事的机会，他们更可能去迎接并坚持战胜挑战，这其中所有的选择都对学习至关重要。

> **虽然推动我们走向结果聚焦的因素很有力，但如果我们想要学习，就必须克服它们。引用玛莎·格雷厄姆的话："过程聚焦让学习者自由。"**

3/8

了解答案不是目的，学会提问才是根本

重要的是，不要停止疑问。好奇心的存在，自有其道理。

——

爱因斯坦

凯德·梅西戴着博士帽，穿着博士袍走上讲台，神态十分庄重。梅西是芝加哥大学的博士，同时也是一名卓有成就、获奖无数的研究员兼教师。他面试过近900位有志进入沃顿商学院攻读MBA的学生。在8月的阳光下迎接这些学生，引导他们在学问研究上取得良好开局是他的职责所在。

梅西没有和这些学生分享成功的励志故事，也没有承诺他们未来可以获得高薪。相反，他抛出了许多问题，如怎样解复杂难懂的金融公式、怎样和陌生人举行网络会议等，问题无所不有，让这些前途无量的年轻学子都大感头疼。他不断用这些问题“压迫”这群学生，而学生们的回答也总是“不知道”“不清楚”。当所有学生都在不断重复“不知道、不知道……”时，那声音就像是雷鸣一般。[1]

梅西希望向这群年轻人传授一个非常重要的经验：很多人也许都自认为知晓所有问题的答案，但事实上当我们认真学习时，就会发现还有很多自己不懂的地方。我们必须对所处的情境提出疑问，这样才能学到东西。

如果不提问，后果有时会很严重。

心脏猝死和一次错误诊断

健康的心脏像泵一样把血液输送至全身，为身体提供氧气及各种营养物，并排出二氧化碳和废弃物。心脏的构造极为复杂，因此非常容易衰竭。据预测，在美国每年约有400万人死于心脏骤停。[2] 其中有这样一起悲剧：一个健康的13岁男孩在睡梦中去世。尸检显示，男孩心脏肥大，左心室壁几乎是正常心脏的两倍厚 。[3] 虽然尸检鉴定死因是心脏疾病，但检查人员并未明确是哪种心脏疾病导致了这起悲剧。

男孩还有一个亲弟弟，为了这个弟弟以及其他家人的健康，他们的父母咨询了一位心脏疾病学家，希望能了解这起悲剧发生的原因，明确弟弟是否需要接受额外治疗。弟弟的初次心血管反射测试报告显示一切正常，但医生还是让他戴上了21天心电监测仪，以记录他是否有心动过速或心动过缓的情况。

在这21天里，弟弟突发过一次阵发性室上性心动过速（这是一种心跳异常现象）。医生将这次发作看作心脏疾病的一个标志，由此推断弟弟患有长Q-T间期综合征（Long QT Syndrome，LQTS）。长Q-T间期综合征是一种罕见病，非常危险。患者会心动过速，心搏不规律，由此导致反复发作性晕厥、心脏骤停，甚至猝死。

长Q-T间期综合征患者必须依靠药物治疗或者通过手术植入除颤器。

除颤器能够发出轻微电击，帮助心脏恢复正常功能。这位医生对弟弟患长Q-T间期综合征的诊断自信满满，毫不怀疑。在他的建议下，弟弟的体内植入了一台除颤器。后来，通过基因测试发现，弟弟的KCNQ1基因突变为V133I，这个突变与长Q-T间期综合征有关。之后，弟弟的其余直系家庭成员也接受了测试，结果另一名20多岁的成员也被确诊患有长Q-T间期综合征。

这时男孩的家人开始质疑，既然初次诊断所依据的信息如此有限，还有必要让那么多家庭成员都接受紧急治疗吗？于是他们转而求助于梅奥诊所的长Q-T间期综合征权威专家迈克尔·阿克曼（Michael Ackerman）。阿克曼重新评估了初次诊断所依据的资料。首先，阿克曼及其团队检测了哥哥的血样，发现哥哥的KCNQ1基因并没有突变为V133I，也就是说，哥哥的死很有可能不是长Q-T间期综合征造成的。随后，阿克曼对该家族成员进行了细致的检测，结果发现，这一家中许多成员所携带的这种基因突变其实与心脏疾病并无关联。之后他又为他们做了心电图测试，也没有发现任何长Q-T间期综合征的症状。最后，阿克曼对哥哥的基因进行了测试，测试发现哥哥实际上死于另外一种异常情况，这种异常情况虽然也能导致心脏突然衰竭，但不会引发长Q-T间期综合征。

阿克曼之前的那位心脏疾病学家的误诊不仅让弟弟承受了一台重大却不必要的手术，更是让他的心脏受到了两次不必要的电击。阿克曼发现，只要简单地做一个心电图测试，就能排除罹患长Q-T间期综合征的可能。更何况，哥哥的死以及之后弟弟的异常心搏，都不足以立即得出长Q-T间期综合征的诊断结果。然而，误诊并非罕见现象。据估计，每年仅美国就有约1200万患者被误诊。[4]

不先问清楚就急着下结论，这种情况不止医学界存在，在大多数领域中都是学习过程中需要克服的主要问题。

为什么提问会引发学习行为

通过提问来学习不是我们需要刻意学会的行为，而是一种天生的技能。人在幼儿时期与外界的交流中，有 70% ～ 80% 的时间是在提问。[5] 任何抚养或陪伴过幼儿的人都知道，幼儿通常都爱问一连串密集的“为什么”。

不管学习的内容是什么，科学的学习方法大致都是从提问开始的。提问让我们明白自己要寻找什么样的答案。例如，弗莱明最开始注意到培养皿被葡萄球菌占领的现象时，并非在找寻防止细菌感染的方法。[6] 但当他发现其中一个培养皿中长出了霉菌，而该培养皿中其余细菌都已被消灭时，他产生了疑问。当时，他并不知道这些疑问会让他发现青霉素。换句话说，提问就是在填补我们知识上的不足。

几年前，我曾听过在线音乐服务供应公司潘多拉（Pandora）的首席执行官乔·肯尼迪（Joe Kennedy）用爱迪生的故事巧妙地诠释了这一点。

20 世纪早期，电影业的发展走到了十字路口，这主要是由于当时真正的电影行业还未诞生。19 世纪晚期，摄影技术的出现让镜头可以捕捉到各种动作并拍成照片，这让当时的人们惊讶不已。但最初的惊讶退去后，没有人知道这门技术后来是否会发展成一个行业。总之，在人们看来，电影是新奇的。但如果现场的戏剧表演能给人以更加生动逼真的体验，谁还想去看闪着黑白亮光的无声图片秀呢？

爱迪生意识到，如果电影业要成为一个可以持续发展的行业，那就必须要解决一个问题：电影还能玩出什么新花样？埃德温·波特（Edwin Porter）和他的团队给了我们答案，他们拍出了我们今天看来真正算是电影的作品——《火车大劫案》（*The Great Train Robbery*）。他们电影的场景都是实景拍摄的，同样的场景还运用了不同的镜头——特写、全景以及多个场景同时交叉，我们今天叫作"交叉剪辑"。一个简单的发问，催生了美国第一部动作片，并且通过摄影技术的创新运用，还催生出一个全新的行业。

惊人的发明往往源自一个简单问题，这样的例子比比皆是。埃德温·兰德（Edwin Land）的女儿曾经问他，为什么无法立刻看到假期拍的照片，于是兰德发明了一种能够快速冲洗出照片的相机，也就是宝丽莱。[7]乔·肯尼迪自己也是一个例子，他创立潘多拉源于一个简单的问题：我喜欢的音乐能用来为我寻找新的音乐吗？只要一个简单的问题，学习就会带我们走入新的、有时候会让人激动不已的世界。

提出问题能够让我们更易获得他人的帮助。就如我的朋友兼同事戴维·霍夫曼（David Hofmann）常说的那样，一旦领导说"我觉得如何如何"，那么其他人就会停止思考或者立刻改变想法，而不是用自己的经验或资源去挑战那位领导。向别人学习的最有效的方式就是问"你怎么认为"，并对问题的答案持开放态度。

卡雷娜·斯特里拉（Karena Strella）是全球顶级猎头公司亿康先达（Egon Zehnder）的合伙人，从她的工作中，我们可以看到提问产生的力量。斯特里拉多年来一直为许多全球顶级公司担当猎头。[8]她发现，虽然客户对她的工作相当满意，但亿康先达模式的预测能力并没有达到她的期望。她的脑海中浮现出一个问题：公司怎样才能做得更好？为了回答这个问题，她花了两年的时间为公司搭建更加完善的模式。在这个过程中，她认识到要预测一个人的未来能否成功，不仅要衡量这个人之前取得的成就，还要考虑一个更重要的因素——他（她）能否找到发挥潜能的方法。

她的模式包含了四个模块。

- 洞察能力，理解和运用从各个渠道所获信息的能力。
- 参与能力，与他人相互连接，共享远景目标的能力。
- 决断能力，克服障碍和困难的能力。
- 好奇心，通过提问来寻找新想法的能力。

通过这种模式，斯特里拉发现“好奇心”是发掘潜力的“重中之重”。如果没有好奇心，个体的潜能无论如何都不会转化为实际的行动和真正的进步。

斯特里拉的模式为亿康先达带来了商业上的成功。随着该模式在公司得到运用，亿康先达找到了许多先前曾被忽略的人才——多数是妇女或少数民族人士。这就正如亿康先达所期望的那样，帮助公司扩充了人才库。

斯特里拉自己也是一个充满好奇心的学习者，她能够根据整个公司的情况来改变自己思考问题的角度，并将新模式作为公司为客户选择人才的核心战略武器。

通过提问进行学习的挑战

幼儿主要是通过提问题来与外界交流的，但成年人不是。幼儿与外界交流时，70% ～ 80% 的对话都是在提问题。但在成年人之间，这个比例只有 15% ～ 25%。提问拥有巨大的力量，但为什么我们不喜欢提问呢？

第一个原因很实际，也很容易理解。电影《壮志凌云》（*Top Gun*）中“独行侠”（Maverick）和“笨鹅”（Goose）的台词显示出人类有一种“对速度的执着”。想要把事情尽快做完，你只要解决眼下的问题就行了，没必要再提什么新问题。尤其在我们已经熟悉的情境中，这套逻辑极为适用。重复性的工作似乎没给我们提问的机会，你只要一遍遍地重复做过的事就行了。

当然这种简单冲刷式的、重复的学习方法有两个缺点。第一个缺点是我们对事物的理解也许不如自认为的那样深刻。在我 11 岁上六年级时，我已经很透彻地领悟到了这个道理。那时正值我参加高级数学班的入班考试。我习惯快速做完试卷，在这次入班考试中我也是这样。我很自豪地第一个交了卷，坐回自己的座位，一种优越感油然而生。然而几天后，我那些虚荣的泡沫就破裂了，我考了个不及格。当我强忍内心的失落，把试卷拿给父母签字时，我在脑子里给自己定下了一条新的规矩：做完试卷后，我要反思自己所用的方法是否正确，并且我不会再第一个交卷了。这个简单的提问“我的方法正确吗”能让人在许多不同情形下都大受其益。

在丰田汽车公司，即使是在汽车生产线上的重复性工作中，“我的方法正确吗”这个简单的问题也能优化生产流程带。丰田生产方式的核心观念——改善（kaizen），也叫不断学习，就是基于这样的理念。改善，就是每一天的每一个任务都能改善一点点。这就要求管理人员对每个生产步骤都提出疑问。这一核心理念及挑战的源头可以追溯至伊索寓言里的《龟兔赛跑》。我们大多数人和寓言中的兔子一样，认为做什么事都应速战速决。然而事实上，要想走得快，很多时候得先慢下来。慢慢来，稳扎稳打，仔细思考，提出疑问，然后才有可能像乌龟一样赢得比赛胜利。

在这个不断变化的世界里，不假思索只是一种没有远见的问题解决策略。昨天可行的答案不一定适用于明天。我们越来越多地依靠判断力和专业知识来解决各种问题，而不是简单地、无脑地重复使用同一个答案。正如马歇尔·古德史密斯（Marshall Goldsmith）在其著作中所写的那样：“曾经带你走上成功之路的东西也许正在阻碍你更上一层楼（What got you here won’t get you there.）。”[9] 这句话同时也是这部作品的名字。

第二个原因是我们经常问不出问题，因为我们会自我审查。之所以会这样是出于两个原因：我们认为不该提问；我们没有意识到提问的必要性。前者很容易理解，我们担心如果自己不知道问题的答案，就会被人看轻。当然，在未知环境中，期望自己知道每个问题的答案是不现实的，我们必须学习。

有时候旁人也未必指望你知道所有答案。通常，那些有好奇心的人、不爱循规蹈矩的人以及那些关心社会的人会受到人们的尊重。[10]举例来说，哈佛商学院的凯伦·黄（Karen Huang）与同事们研究发现，人们喜欢爱提问的人，因为这样的人反应更积极 。[11]甚至男女约会时也是这样：参加闪电约会的男女提的问题越多，继续约会的概率越大。而且总的来看，拥有好奇心的人，他们的身心也更健康。[12]

我在与弗朗西斯卡·吉诺共事的过程中领悟到了这个道理。吉诺与我经常在一起合作，她现在是哈佛商学院的一位教授，也是商学院历史上最年轻的女教授。我们初次合作时，她正在做博士后研究，我也在攻读博士学位。在她的学科领域，她的聪明才智没有很快就得以展现，而我却一眼就看了出来。我对她最深刻的印象是，不管聊什么，她总会停下来说："我能问个问题吗？"

如果我说自己一开始就认为这种爱提问的性格很有价值，那我就是在撒谎。以前，我有时会火急火燎地做完一件事，然后继续做别的。我们曾经一起参观公司或者合作完成某个项目，每当我以为该说的都已说完时，吉诺却总想着再提些问题。后来，我慢慢意识到，她的问题都极富见解。渐渐地，在我们的合作中，每每有新想法，提问就成了必不可少的仪式，即使并非每次提问都能带给我们新的启发。

如果我们不知道自己不知道什么，那么我们也许根本无法全面地注意到周遭所发生的一切。丹尼尔·西蒙斯（Daniel Simons）和克里斯托弗·查布里斯（Christopher Chabris）的"看不见的大猩猩实验"能够很好地说明这一点。[①] 如果你还没看过这个实验的视频的话，可以在网上搜索“selective attention test”。在观看视频时，你可以数数穿白衣服的篮球队到底传了几次球。

我第一次看到这个视频是在攻读博士学位时的一次课上，和我的老师克莱顿·克里斯坦森（Clayton Christensen）[②] 以及同学们一起观看的。当时我正和同学争论视频里到底传了几次球，而克里斯坦森老师却指出了我和其他很多人都忽略的一点：有只“大猩猩”（当然不是真的大猩猩）走向了赛场的另一边。当时包括我在内有 50% 的人都没注意到它。[13] 在 1979 年的该测试中，研究人员是让一个女子撑伞走过去的，结果 79% 的被试都称没有看到她。[14]

为什么会这样？因为当我们把注意力集中到某个特定的问题上时，我们就注意不到周围其他的事物了。我们不会问那只“大猩猩”为什么会出现在视频里，因为我们根本没看到它。意识到这一点是第一步，也仅仅是第一步。后续的研究已经表明，就算当时我们看到了那只“大猩猩”，在观看后续视频时，我们还是有可能会忽略那些注意力之外的其他事件。[15] 但在这里请先把这个视频放在一边，我们一起看看让我们难以提出问题的另外两大因素吧。

① “看不见的大猩猩”是心理学知名实验之一，它告诉我们，即使最明显的信息也可能会被我们漏掉。同名图书《看不见的大猩猩》已由湛庐文化引进、北京联合出版公司于 2016 年出版。——编者注

② 克莱顿·克里斯坦森是哈佛商学院教授、颠覆式创新之父，其著作《创新者的处方》已由湛庐文化引进、中国人民大学出版社于 2015 年出版。——编者注

首先，我们搜寻信息的方式会阻碍我们提出问题。几年前，我正计划参加一位朋友在日本的婚礼，当时我准备先在印度短期停留并做一些研究，于是我在旅游网站上查找从印度新德里到日本大阪的机票。功夫不负有心人，我找到了一张售价350美元的机票。但当我准备购票时，承运商的名字映入了我的眼帘——马来西亚航空公司。马来西亚航空公司的一架飞机在2014年7月17日发生了一次空难事故，这对选择航空公司的我来说可不是什么好事。我一边考虑要不要把路线图发给我妻子，一边把目光往屏幕下方挪，然后看到了中国南方航空公司。于是我买了一张南航的票，还买了100美元的保险。而我如此迅速地做出改变，都是因为“易得性偏差”（availability bias）。

// 解构学习

易得性偏差

当我们根据容易获得的信息而非更全面的信息来做决定时，就会出现易得性偏差。[16] 这种偏差让我们无从提问，因为它遮住了我们的眼睛，让我们看不到视野之外的信息，而那些信息很可能会激发我们的学习行为。

//

如果当时能再仔细想想的话，也许我会先去查找两家航空公司的安全飞行记录，而不会只顾着问“哪家最近没有空难事故”了。我也许还会问一些如“哪家的飞行记录更安全”“哪家的飞机维护做得更好”“哪家转机更便捷”之类的问题。

我们通常会根据周围给定的信息来假设自己能够不加思索地完全理解某种情况。但如果我们没有从那些信息中发现其他可能性，或是没有质疑最初的假设是否合理，我们就会理所当然地认为假设是合理的。小时候，曾有一位好心人教导我说：“如果没有全面的信息作为支撑，你做的任何假设都只是胡扯。”现在，虽然我记不清自己的那些假设是怎么让别人难堪的，但有一点我确信无疑，就是不经仔细思考就做出的所谓假设，会严重阻碍学习。正如马克·吐温所说：“假设是个好东西，但还是找出真相更好。”

易得性偏差现象之所以如此普遍，是因为我们常常都没有时间打破局限，全面地搜集信息。更严重的是，我们倾向于认为已经获得全面的信息了。这让我们失去了最后的学习机会。

其次，即便我们意识到需收集更多信息，我们也有可能采取最糟糕的方式来收集这些信息。我们的做法不是去探求新的想法，而是一路收集有偏差的信息。这在我们浏览政治新闻时体现得最明显。我生长在得克萨斯州，那里是共和党的老牌票仓；然后又在马萨诸塞州住了 7 年，该州到处是民主党的铁杆支持者。因此，我的个人经验告诉我，两党都是这样收集信息的。对于右翼观众提出的问题“我的政治观点有错吗”，《福克斯新闻》总是给出肯定的回答。这正是它能够赚取数十亿美元利润的秘诀。

我的观察结果是有数据支持的。一项涵盖了 1000 多万脸书用户的研究发现，人们在搜索信息时，更倾向于去确认已知的信息。[17] 因为我们通常喜欢在脸书上寻找和我们想法类似的人，他们分享的政治新闻也符合我们的喜好。这一行为导致了这个结果的出现。此外，我们还喜欢点击那些符合我们政治观点的新闻故事。[18] 作家比尔·比绍普（Bill Bishop）认为，在如今的美国，由于持相同观点的个体越靠越近，人以群分的现象比30年前更加普遍了。[19] 回声室效应（echo chamber）可以帮助我们了解假消息是如何在脸书上疯狂传播的，这种传播可能会引发严重的后果。如果某人对某个候选人，如参加2016年总统大选的特朗普产生了强烈的好感，对其他候选人，如特朗普的对手希拉里·克林顿产生了强烈的厌恶，而这时恰好又出现了一篇文章，里面说大家都拥护特朗普或是某人在发表了对希拉里不利的证言之后遭到了谋杀，那么这个人就会认为自己的所思所想都是符合事实的。[20]

有一个某公司年度考核的例子。[21] 该公司的考核过程完全透明——大家都知道考核人的身份。我们做过一个调查，如果一个人听到了别人对自己的负面评价，且该评价要么与事实不符，要么低于他的自我评价，那么他会有何反应？我们发现，某年收到负面评价的人更有可能在这一年里与给他负面评价的人绝交，并亲近给他正面评价的人。有些人会采取其他行动来减少不符合事实的负面评价所带来的影响，比如再找一些人来评价自己。如果自己无法与那些负面评价者断绝往来的话，他们希望这些新找来的人能给自己积极的评价。总之我们发现，这些包含"回声室效应"的举动让人们的后续表现越来越糟。

上面的例子突出展现了提问的最后一大挑战——证实性偏见（confirmation bias）。

//解构学习

证实性偏见

我们总是想要通过各种方式去确认我们所相信的事情是正确的。例如，自己主动选择搜索信息的渠道；看跟自己持相同观点的有线新闻频道；对自己正在做的事，只接受敷衍的附和而非可能的质疑。我们会根据不同的情形问不同的问题，这时候我们所表现出来的行为就是证实性偏见。比如，如果你觉得某人性格外向，那么你也许会问他晚上喜欢去哪儿；如果你认为某人性格内向，你也许就会问他最爱看什么书或他在哪儿点外卖之类的问题。而问题的答案则会证实你最初的观点。

//

马克·斯奈德（Mark Snyder）和朱莉·豪根（Julie Haugen）教授开展了一系列实验，证明了一个人是如何进行这种行为确认的。[22] 在其中一项研究中，男性被试在无法看见女性被试的情况下与对方交谈。研究人员先向男性被试出示一幅图片，图中的女性或是传统意义上的美丽女性，或是长相普通的女性。然后，研究人员安排看到不同图片的男性被试与同一名女性交谈。结果发现，如果男性被试看到的图片是一位美丽女性，那么在交谈时，他会将与之交谈的女性看成是温暖、优雅的，而如果男性被试看到图片上的女性长相普通，则不太会认为这位交谈对象温暖和优雅。

在证实性偏见的影响下，我们会用不同的标准来处理得到的信息，即取决于我们是否相信这些信息。任何参加过招聘的人应该都有这样的体验。如果大多数人（或仅领导）都喜欢某个应聘人，那么在对该应聘人进行讨论时，围绕的标准就是“我可以相信他的资料吗”。但是如果面试官对某个应聘人没那么感兴趣，那么讨论的方向就会转为各种指指点点，而适用的标准也会变成“我非得相信这些资料吗”。极端情况下，受青睐的应聘人所具备的优点，如丰富的经历，反而会变为不受青睐的应聘人身上的缺点，面试官会认为他的经历杂而不专。

人们在处理信息和进行提问方面的差异在美国法院系统中也有遗存。民事法院采用优势证据法则（人们希望某事真实时，会采用这一法则）作为裁决标准。而刑事法院则采用“排除合理怀疑”（人们想排除对某事所有合理的怀疑时，会采用这一法则）作为裁决标准。这种带有差异的信息解读和收集方法，马克斯·巴泽曼（Max Bazerman）和多莉·丘格（Dolly Chugh）称之为“有限意识”（bounded awareness）——它让人们无法提出深刻的问题以便学习和提高。[23]

如何从提问中学习

如果世事是不变的，不问只做完全合理。但我们知道世界并不是一成不变的，我们要思考如何去克服急于给出答案的毛病。在梭罗的《瓦尔登湖》（*Walden*）中，他引用了中国古代思想家孔子的话：“知之为知之，不知为不知，是知也。”[24] 我们的目标就是做到这一点——明白我们知道什么以及不知道什么，然后我们才可以找到弥补差距的办法。

那么，如何才能做到呢？

第一步，如斯坦福大学的鲍勃·萨顿（Bob Sutton）教授所言，就是“强观点弱坚持”。就世界如何运转这一问题，我们应该有自己的坚定看法，这些看法给我们的学习提供了一个起点。在形成观点后，当新的信息蜂拥而至时，我们应该设法发现自己的思维方式中可能出现错误的地方，并且愿意去改变它们。

一种方式就是确保身边有不同思维方式的人才。如果你是领导，这意味着组建一支有丰富经历且愿意告诉你他们想法的团队。即使是做个人决策，你也可以建立一个决策内阁。想想谁经常告诉你他自己的想法，哪怕这个想法可能会让你不开心？你不是在找一个性格叛逆的人，这类人只是通过唱反调让自己显得自己与众不同（尽管故意唱反调有时会起到重要作用），而是在找一个以不同方式处理问题、让你猛然发现自己之前可能从未发现关联性的人。通过接触这类人，寻求他们的意见，在赞扬他们的同时你也有了自己的领悟。

另一种方式是向有不同思维方式的人请教，这通常会开辟出新的道路。几年前我碰到一个在另外一所大学访问一年并获得奖学金的机会。这是一次非常好的机会，要访问的学校很厉害，学校的人也很好。我准备答应了，但是马上又意识到我应该再充分考虑一下。我联系了相识的一位有不同世界观的朋友。在我说明情况后，她的反应相当意外：她问我要不要考虑去访问她的学校。只是因为我问了一个简单的问题，我最后的决定变成了在沃顿商学院访问一年。

除了接触那些不同思维方式的人外，还有一种方式，你可以向自己提问。[25] 如果你认真思考“为什么我的思维可能是错误的”这个简单的问题，便可能产生新的见解。反复思考“我觉得会发生什么”“最好的情况是什么”“最坏的情况是什么”这几个问题，在整个过程中不断提问“为什么”可以帮助你转变思维方式。以局外人的角度看待问题时，你可能会明白提问是恰当且必要的。外面的世界可能有你感兴趣的信息，而你手边的信息不是你所需要的。这些都是冲破观念限制的重要步骤。在目前已有信息的基础上坚持自己的看法，同时又愿意在学到新事物后改变己见，那么可以肯定，你一直在学习中。

第二步就是采用证伪思维（falsification mindset）解决问题。思考自己行为的目的不是学习“如何让我的观念一开始就是正确的”，而是让你意识到要使用科学的方法进行有效学习。为达到该目的，你需拒绝假设，也就是发现两个变量之间确实无联系。证实自己的观点是困难的，但是你可以反驳对方的观点。排除可能的错误答案，就能接近正确答案。

在课堂上，为了讲清楚这点，我举了戴维·霍夫曼的例子（虽然我不清楚它是谁发明的）。我给学生展示了下面这四张卡片，然后我说：“假设每张卡片一面是数字，一面是字母。如果有人对你说‘一面是元音字母的卡牌，另一面肯定是偶数’，为了判断这个人是否撒谎，你会翻开哪两张卡片？”

大多数人立即回答“选 E 和 4”。这似乎是正确答案，因为它符合题干所说的原则。但如果认真思考，你就会发现问题。你确实需要翻开卡片“E”，如果它背面是奇数，你就知道那个人在撒谎。但是翻开“4”并没有什么用，因为规则并不是偶数一定对应元音字母。你也无须翻开“K”，因为这个规则和辅音字母无关。反而你应该翻开“7”，为什么呢？因为如果你翻开这张卡片，发现了元音字母，那么你可以判断这个人在撒谎。[26]

当我们采用证伪思维时，我们不只会问“为什么我的想法可能是错误的”，还会找出可能错误的具体原因，然后找到论据。这和许多企业构想新的战略规划之后再找可行方案的习惯是截然不同的。例如一个零售连锁店想开一家新店，先明确谁是市场中强大但不同的竞争者这样具体的挑战，可以避免注定失败的情况，或是至少降低失败的可能性，因为如果想赢得竞争，可能需要采取降价或设计新的供应链等手段。

第三步是积极倾听。如果你认为你已知晓答案，你就不会花时间去倾听。正如斯坦福大学心理学家李·罗斯（Lee Ross）和合作者所说的“错误共识效应”（false consensus effect）。[27] 如果我们觉得所有人都是以同一种方式看待问题的，我们便不会去追寻新答案，因为没有必要。只有通过提问，我们才会了解不是所有人的看法都是一致的，我们才可以从别人身上学到宝贵的知识。

做到这一点还需要有良好的倾听习惯，例如关注和你讲话的人。无论是一对一的活动还是大型会议，只要对你来说是重要的，那就参加，反之则放弃。一旦你参加了，就不要再想着其他事情、玩手机或电脑。[28] 当你倾听他人讲话时，与讲话人进行互动，并重复你听到的内容。你不需要同意他的观点，但需要保证自己完全听懂。这可以避免产生误解，能让你更清楚地理解不同思维，或许还可以帮助你学习。

最后一步，不要急于下结论。特别是与和你有不同世界观的人交谈时，先听对方讲完，处理你听到的信息，再做决定。和许多人一样，当我的看法受到挑战时，我会有一种防御或者痛斥别人的本能反应。但现在我已经基本上学会在这样的对话中先听对方说完，再自己消化听到的内容。这对别人理解你的行为也很有帮助，给别人时间去思考你讲的内容，再回头就这个话题展开对话。

我们生活在充满各种各样答案的世界。如果我们想知道那些能提高现在或将来的成功概率的答案，就需要时刻记住一个前提——我们经常不提问，甚至还会提出错误问题，然后跟随凯德·梅西的脚步，从“我不知道”开始，通过提问来快速前进。

4/8

充电、反思而非永不停歇地行动

人的大脑应当时不时地开个小差，这样，再回到工作中时就能更好地思考。

——

费德鲁斯（Phaedrus）

芹沢清隆（Kiyotaka Serizawa）负责日本千叶县柏市一栋公寓的保洁管理工作，他工作的卖力程度让他的同事咋舌。[1]每周工作 90 多个小时对他来说就是家常便饭，而他的睡眠时间少之又少。据他妈妈说，芹沢清隆有时候在开车前往不同办公室的路上会顺带来家里打个盹儿。“他会躺在这个沙发上，每次都睡得很死。我不放心，要过来检查一下，确保他还有心跳。”[2]工作让芹沢清隆付出了太多，他曾试图辞职，但被经理拒绝。芹沢清隆不想给自己的下属带来麻烦，所以继续硬撑着在这家公司上班。[3]

松浦高桥（Matsuri Takahashi）在东京一家数字广告公司上班，她的情况与芹沢清隆相差不了多少。她每天工作时间很长，以致几乎没有休息时间，通常每晚只睡两个小时。而她也很少向公司提及自己加班的事。[4]

令人心痛的是，两人最终都不堪重负，选择了自杀。

日本人甚至专门发明了一个词来指代过度工作造成的死亡：过劳死

（karoshi）。2015 年，日本政府认定有 189 人的死因属于过劳死，然而专家认为，真正过劳致死的人数或许达数千人之多。[5]

好在大多数情况下，长时间工作或者不加思考地埋头苦干并不会致命。但这会导致行动偏差（action bias），即我们认为自己必须时刻保持警醒。这样的行为会严重阻碍我们的学习。

新生银行的达南迦雅·德维威蒂

日本长期信用银行（Long Term Credit Bank，LTCB）始建于 1952 年，其宗旨是为重建国家基础工业提供资金服务。1998 年，LTCB 不良贷款额高达 400 亿美元，致使该银行濒临倒闭。为了避免金融灾难的发生，日本政府被迫将 LTCB 国有化。鉴于 LTCB 在日本占据的重要地位，这起破产事件令人分外震撼。然而更加让人感到不可思议的是，在 2000 年，日本政府将这家银行出售给了一家美国私人股份公司，后来该银行更名为新生银行（Shinsei Bank）。在日语中，Shinsei 的意思是“新生”。[6]

新生银行新总裁八城政基（Masamoto Yashiro）施行了大刀阔斧的改组计划。该计划的核心工作是从零开始创建新生银行的零售渠道。这就需要打造全新的信息技术基础设施。八城政基非常幸运，他知道有一位主管能够干成这件事。接手总裁一职后，八城就已经邀请日本花旗银行的前首席信息官达南迦雅·德维威蒂（Dhananjaya Dvivedi）出山帮忙。德维威蒂的举措十分直截了当，那就是革新新生银行的 IT 系统，同时保证高效率和低成本。德维威蒂的确做到了。他搭建了一个基于服务器的平台，取代了公司的高成本主框架，为公司节省了4000万美元。他依托低成本的科技手段，打造了一个全新的ATM网络，例如停用昂贵的专用线路，转而启用了多重网络联结以减少浪费。

这样一来，新生银行就成了日本首家提供24小时免费ATM服务的银行。同时德维威蒂还开发了一系列系统和流程，使新生银行成功转型，通过向消费者借贷获得了丰厚利润。最终，他用了一年时间，只花费了5500万美元便完成了新生银行所需的全部改革，其时间和成本分别为一般标准的10%和25%。

对大多数领导者来说，德维威蒂的任务看似不可能完成。但德维威蒂是一个学习高手。他相信，只要将注意力放在对核心原则的理解上，那么他可以通过学习找到任何问题的答案。他明确了关键挑战之所在，创建了标准流程，简约而优雅。

德维威蒂所具备的不仅是正确的心态和对过程的关注，他还很擅长反思。他认识到，自己如果身心俱疲，那么就无法了解自身所处的情形，无法学习。因此每当疲惫的时候，他就会去做冥想或者到室外走走，让自己能够全神贯注于所面临的困难。他说："我在职业生涯中学到的一课是，工作永无止境，永远都会有下一项工作需要我付出心力。我需要休息、冥想或者走出去散散步。这样一来，我的头脑就会更清楚，身体也会恢复元气，我反而能搞定更多的工作。"

德维威蒂每天都会反思。他有一本学习日志，上面写满了他每天的思考。他会和团队成员开短会，不仅讨论一日的工作活动，也会讨论每位成员面临的困境，这样大家就有机会一起探讨和反思。他说："当我遇到问题不知道如何解决时，我就会试着后退一步去审视。如果还是不得要领，那么我会把这个问题暂时搁置，回头再来处理。这样做通常很有效。"德维威蒂的学习方法表明，有效的学习需要静心思考。

为什么静心思考可以促进学习

静心思考让一个人有机会去反思，同时让身心恢复活力。关于反思，最好的例证当属 IBM 创始人托马斯·约翰·沃森（Thomas John Watson）。关于沃森，有这样一个故事：

1911 年，当时还在美国国家现金出纳机公司（National Cash Register）供职的沃森有一天在给销售经理们开会时，缺乏好创意让他备感沮丧。他把经理们叫出来，语重心长地对他们说："我们在座的每一个人都面临一个问题，那就是思考得太少……知识是思考的结果，而思考是我们以及任何一家企业成功的关键。"[7] 沃森当即决定，"思考"就是公司的口号。他来到 CTR 公司（IBM 的前身）时也一道带来了这个口号。数年后，这一概念渗透了 IBM 公司企业文化的方方面面，最终 THINK 变成了 IBM 的商标，公司同时把生产的笔记本电脑命名为 ThinkPad。

反思带来学习的道理很简单，即思考周围正在发生的事会形成认知，认知会促成学习。但是难道我们不能通过实干来学习吗？如果沃森手下的销售人员只是研究销售本身，仅仅反思销售的过程，那他们岂不是会错失真实销售场景中蕴含的重要细节？没错，他们的确会错过。学习曲线的概念表明，绩效会随着工作量的提升而增加，但增长率会呈现下降趋势。这个概念对理解学习的概念十分重要，我们会在第 7 章里做进一步讨论。回到本章，让我们看一看如何放缓脚步去思考提升学习的方式。

慢速思考与快速思考

研究人员发现，通过加工信息来学习依赖两个系统。[8]第一个是快速经验系统（rapid-fire experiential system），往往体现为自动和下意识的反应。当我们学会了在特定情况下该做什么，比如如何安抚一个暴跳如雷的客户时，我们就会依照既有的程序行事，不会停下来思考这样做是否符合当下的情形。第二个系统是一种缓慢、有意识且处于控制之下的信息处理系统。要让第一个系统能够快速执行我们所创立的规则，我们必须先要在第二个系统中制定出这些规则。

这个解释符合学者克里斯·阿吉里斯（Chris Argyris）关于学习的观点。他认为，学习既是一个单回路过程，又是一个双回路过程。[9]阿吉里斯用恒温调节器为例阐述他的理念。当温度高于或者低于当前设定值时，恒温器会立刻做出响应，通过打开降温或加热系统使温度回到设定值。单回路的学习过程与这个过程相似。当我们启用快速经验系统时，我们会弄清楚怎样使用已有规则、目标和流程来完成所面临的各种任务。表面上看，这个系统似乎足以解决所有问题，但是阿吉里斯指出，如果想要弄清楚一件事的根本起因并获得长期的提升，我们需要进行双回路学习。也就是说，我们需要提出这样的问题：为什么恒温器会设置在某个特定温度值上？为了回答这些问题，我们需要运行有意识、有控制的信息处理系统。

这种“两步式的”观点根植于神经科学。研究人员使用功能性磁共振成像技术发现，经验型学习引起的神经变化不同于反思驱动型学习。[10]

双回路过程对学习有两大好处。第一个是认知方面的好处，即我们得以构建知识体系。当花时间思考时，我们会理解那些我们已经知晓但从未耗时去理解的事物，也能够在不同的新观点之间建立联系。此外，在经过反思并确认了自己的未知领域后，我们就能找到对策，填补认知的空白。

第二个好处是行为方面的好处。通过反思，我们可以建立自我效能感（self-efficacy），即“相信自己有能力组织并执行应对潜在问题所需的行动”。[11] 胜任感和能动感是个体最基本的动机来源。[12] 在反思已知的时候，我们能认识到自己已经具备的知识都有哪些，而通常我们都能发现自己懂得的比预期的更多。当我们在以往经验中看到自己的优势和积极因素时，这一点体现得尤为突出。[13] 如传奇网球运动员斯坦·史密斯（Stan Smith）所说：“经验会告诉你应该做什么，而自信能使你成功地做到该做的事。”

为了理解反思对学习的影响，我和我的同事贾达·迪·斯特凡诺（Giada Di Stefano）、弗朗西斯卡·吉诺和加里·皮萨诺（Gary Pisano）与一家科技服务公司合作做了一项现场实验。[14] 我必须承认，在我们 4 人开展实验的最初阶段，我对这项实验到底能有什么发现持怀疑态度。这并不是说我认为反思没有用处，而是指我预想在真实情境中人们可能已经具备了反思行为，并且已接近最大值，如果是这样的话，那么我们通过实验能够发现的反思效应应当微乎其微。但是鼓励人们做更多反思这件事本身没有坏处，因此我们设计了一种干预条件，观察这个干预条件对处于高风险、知识密集型环境中的人会产生什么影响。

在实验中，我们观察的重点是公司如何培训员工通过语音和聊天的方式向顾客提供帮助。员工将接受为期 4 周的技术培训，4 周结束后他们会参加一场考试，测试他们的技能掌握程度，而未通过考试者将被公司开除。一开始，我们把 103 位员工随机分成了两组：一组为对照组，接受标准的培训；另一组为实验组，会接受一些干预。在培训第 6 天，实验组员工每人拿到了一本纸质日志本，他们要在一天培训结束后花 15 分钟记录自己学到了什么。我们对他们说："请你反思并写下今天培训的重要收获，至少两条。请尽量详尽描述。"反思实验组员工一共记录了 10 天。培训任务结束后，所有人都参加了技术能力考试。

我们请两组人员就他们主观认为的学习收获进行汇报。实验组（被要求记录反思日志的小组）员工所汇报的个人收获高于对照组，但是两组的汇报差异并不具备统计学意义。然而当我们看到考试成绩的那一刻，所有人都惊呆了。实验组的员工平均得分比对照组高出了 31%！而这是在我们将年龄、经验和性别等一系列其他因素都考虑在内的情况下得到的数据。

为了搞清楚产生这种影响的机理，我们又回到实验室做了另一项实验。这次我们让被试做了一个简单的"相加得 10"的数学任务，即观察一张 4×3 的数字表格，选择相加后和为 10 的两个数字。如下表：

8.18	9.01	3.97
5.2	4.56	9.12
0.28	2.92	6.59
1.12	6.93	9.72

答案是 0.28 和 9.72。通过练习，被试找出正确数字对的速度会越来越快。我们将被试随机分成两组，一组为练习组，以 3 分钟为限，给他们更多题目进行练习。另一组为反思实验组，他们需要做的是思考如何提高识别的能力。我们发现，反思实验组的成绩比练习组高出了 20%。

除了花时间反思外，我们还必须确保在尝试学习时，身体得到了充分休息，精力得到了有效恢复。人们在一门心思投入到认知型任务时，很容易忽略掉生理要素。然而，为学习做好准备并不意味着单纯让大脑做好准备。当身心获得充分休息时，我们便能充分发挥我们的分析性思维能力，同时我们也更有可能注意到周围的细节而不是只关注到问题的某个方面，甚至一股脑地忽略了整个问题。不管是认知型还是体力型的高强度任务，我们不可能永远对这些任务保持专注。无论在一天中，还是在数天内，我们都需要休息。休息能让我们恢复精力，重新调整工作的重心，这样我们就能更有成效地继续前行。

阻碍我们通过思考进行学习的困难

思考这件事看似简单，蕴含的能量却十分巨大。然而，大多数学习者的工具箱里缺少了反思和放松这两样工具。为什么会这样？这是我选择研究这一课题的部分原因。我教授的课程当中有些课程要求学员写学习日志，但一开始我并没有意识到写日志本身的价值，之所以布置写日志任务只是因为这是课程的要求。随着对这个话题研究的逐渐深入，我意识到少做一点事能让我们更好地学习，也逐渐理解了为什么这个观点与常人的直观思维相反。

足球守门员的案例很好地体现了大多数人所面临的困难。以色列本·古里安大学的迈克尔·巴雷利（Michael Bar-Eli）和他的同事分析了近 300 例职业足球比赛中的罚点球案例。[15]

在罚点球时，足球摆放在正对球门中心、距球门线 11 米的位置。守门员不能越过球门线，但是他可以在攻方把球踢出前左右移动。裁判员吹响哨子后，攻方球员快速跑向足球并将球踢向球门。即便在最高水平的职业比赛中，点球射门通常都会成功得分。研究人员发现，49.3% 的情况下守门员会扑向左边，44.4% 的情况下他们会扑向右边，6.3% 的情况下他们会保持在球门中央位置。而足球最终被射向左边、右边和中间的次数统计占比分别约为 32.1%、28.7% 和 39.2%。研究人员由此得出结论，守门员保持在中间位置不动有可能成功守住 33.3% 的罚球，而扑向左侧和右侧的防守成功概率分别为 14.2% 和 12.6%。

既然守门员保持不动守住罚球的概率几乎是其他情况的两倍，那么何乐而不为呢？其背后的原因与我们不花时间去反思和充电的原因相同，即我们往往具有行动偏差。我们宁愿让别人看到我们在行动，而不是什么都不做。我们的一贯准则是，一旦有工作需要完成时，我们便要开始工作。人们常说，遭遇艰难险阻时，强者自会迎难而上。这样的准则在我们的脑海里根深蒂固。

丹·凯布尔和金·埃尔斯巴赫（Kim Elsbach）在被动露面时间（passive face time）方面所做的研究十分精彩。被动露面时间是指个体仅仅置身于工作场所但其实什么工作都没有做。[16] 通过一系列的采访和实验，他们发现，有些人只要被看到早到或晚归，便会得到“称职”和“尽责”的评价。

还有其他研究表明，许多人认为连续不断地工作是身份地位的评判标准之一。例如，其中一项研究发现，在美国，传递忙碌信号的行为会给人们带来更高的社会地位评判。[17] 这些行为包括在线上购买百货商品而非通过实体店，戴蓝牙无线耳机而不是有线耳机等。

在以上案例以及很多其他情境中，这种直观思维是错误的，至少对于学习这件事来讲是错误的。波士顿大学的艾琳·里德（Erin Reid）教授研究了咨询人员过度工作对工作业绩的影响。[18] 她发现，虽然经理们会对那些承认在工作中投入了较少时间的员工加以惩罚，但是这些经理并不能区分哪些员工是真正认真工作的，而哪些员工只是嘴上这么说。她还发现，工作时间较长的员工与较短的员工在业绩上没有什么差别。那么回到之前的问题：我们为什么会拒绝暂停工作，休息一下？造成这一现象的原因有4个。

第一个原因是懊悔，即因为采取了别的行为而导致失败时所产生的失望情绪。在罚点球的例子中，研究人员就应对点球的最优策略向参与研究的职业守门员提问。[19] 大多数守门员的反馈是他们宁愿选择扑球而不是站立在球门中央不动。当被问到原因时，他们最常见的回答是，相比于在扑球的情况下失球而言，选择站在中心位置不动时的失球会让他们更加懊悔。换句话说，他们希望大家看到他们采取了行动，即使这个行动是错误的。由于大多数需要我们倾注注意力的任务都含有不确定性，因此偶尔做出错误的选择在所难免。虽然保持待在中间位置会让守门员成功的概率提升一倍，但是采取这个策略的成功概率毕竟也只有 33.3%。然而，害怕做出错误选择的心理让我们无法去探寻能让我们在当下和未来都获益的策略。

第二个原因是人们往往会将行动与进步混为一谈。在《进步原则》（*The Progress Principle*）一书中，特蕾莎·阿马比尔（Teresa Amabile）和史蒂文·克雷默（Steven Kramer）指出，当人们在对自己来讲有意义的工作中产生积极态势，他们就能产生强有力的动机和很高的投入度。[20] 换句话说，因为进步而感到振奋会形成良性循环，随着时间的推移，一次次微小的成功最终会汇聚成了不起的大成就。研究人员对此做过一项研究：让知识工作者对其一天的工作做一个日志记录，然后研究人员对这些日志进行分析，寻找其中的规律，最后发现工作中的小事件——不仅仅是取得的进展，也包含上司如何对待员工等因素，对创造力、创新和学习有重要影响。[21]

然而我们对进步的渴望有可能是一把双刃剑。举个例子，完成相对不重要的小任务一开始会给人带来积极的情绪，但随之而来的感觉是这件事太微不足道。针对这一现象，研究人员研究了人们偿还贷款的行为。假设你有几笔贷款，数额与利息都不一样。理性来讲，为了使偿还的利息尽可能少，你应该先偿还利息最高的贷款，即使只是偿还其中的一部分也无妨。但研究人员发现，人们往往会为了减少贷款的笔数而选择首先还清低息的小额贷款。[22] 我与迪沃斯·KC、吉诺和丸山弘明（Maryam Kouchaki）所做的研究表明，同样的效应在医院急救室里也可以看到。当由于患者数量增加导致医生变得更加忙碌时，医生们更有可能首先处理并打发掉轻症患者，再集中精力应付疑难杂症。显然这种做法是欠佳的。回到学习的主题上，我们经常错误地将行动等同于进步，但只有将两者分割开来才有可能克服行动偏差。

第三个原因是我们低估了不愿停下来反思所产生的代价。这一点可以从工作量对工作绩效的影响方面的研究中反映出来。绩效研究学者曾经一度认为，待完成工作量的大小对绩效水平和质量没有影响。经验表明，事实并不是这样的。迪沃斯和克里斯蒂安·特威斯奇（Christian Terwiesch）想通过研究表明，绩效确实会随着工作量的变化而变化。[23] 他们在研究中看到，护理工作者在工作任务加重的情况下会提高工作效率，但这个效率不是可持续的。如果护工们试图或被迫保持这个工作节奏，那么他们的工作表现反而会严重受损。我在一家日本银行的员工身上发现了同样的问题，而剑桥大学的斯蒂芬·斯科特斯（Stefan Scholtes）教授与同事在类似研究中也发现了工作质量受损的情况。[24]

人们认为，过度工作或许会对别人造成负面影响，但是自己不会受到影响。在我与戴恒晨（Hengchen Dai，音译）、凯蒂·米尔克曼（Katy Milkman）和戴夫·霍夫曼合作的一项研究中，我们观察了医院护理人员对手部的清洁情况。[25]彻底的手部清洁是防止患者在医院遭受二次感染的关键因素，而二次感染是造成不必要死亡的一大主要原因。我们获取的射频识别（RFID）数据记录了护理人员进入病房的时间点以及在进入和离开时是否洗手。我们分析了多达2000万条观察数据，涉及35所医院，发现从上班到下班这段时间，医护人员对这一制度的遵守比例下降了近9个百分点（从59%到50%），而且，当护理人员的工作负担加重时，下降速度更快。我把这些数据拿来与医护专家讨论，他们都因这么高的降幅而震惊。

针对睡眠不足的负面效应的研究也呈现出类似的结果。只有1%～3%的人能够在仅有5～6个小时睡眠的情况下保持身体机能的高水平运作。很多人都认为自己能够做到高水平运作，而事实上他们中只有5%的人能真正做到。[26]

我们不仅低估了持续工作对绩效的影响，而且也没能认识到持续工作可能会从根本上改变我们处理任务本身的方式。波士顿大学的安妮塔·塔克（Anita Tucker）教授过去20年间主要研究的课题是健康护理领域中的学习行为。她的研究得出了很多重要的观点，但在我看来她最重要的见解之一就是，工作量加大会使员工开启单回路学习模式，而付出的代价是双回路学习机会的丧失。换句话说，在忙碌的状态下遇到问题时，员工所做的不是寻找问题的根本原因并学习如何去应对，而仅仅是快速地提出一套变通方法。[27]这样做会产生很多问题，错失学习机会只是其中一个。塔克教授的研究同时也表明，至少在健康护理领域，这样的变通方案可能会催生全新的问题，如导致护士在注射时使用的注射器型号不对，以及搞错患者的用药剂量等。我们总觉得这样的事情不会发生在自己身上，但是如果我们只是埋头赶路而不花时间去“充电”和反思，那么我们所付出的代价将会远超想象。

第四个原因是我们倾向于低估采取相反策略带来的潜在好处。我前面提到，即使作为研究学习的学者，我起初对于反思的真正价值也持怀疑态度，因此我决定通过亲自研究让自己信服。事实证明，持怀疑态度的不止我一人。我与斯特凡诺、吉诺以及皮萨诺对我们的研究进行了拓展，决定给予被试选择权。在被试完成5个“相加得10”的练习后，我们询问他们，想要花3分钟时间继续练习还是进行反思，超过80%的被试选择不反思继续练习。但在完成了另外10个题目后，反思组的成绩超过练习组20%以上。

当我们坐在办公桌前争论接下来到底是要散散步休息一下，还是就手头问题进行5分钟的头脑风暴时，或许我们会觉得没有采取任何行动的时间毫无益处，而事实通常不是这样的。在另一项研究中，我与普拉迪普·彭德姆（Pradeep Pendem）、格林和吉诺探讨了预期之外的休息时间对员工绩效的影响。[28] 我们的实验场所很独特：番茄田。这里的工人使用大型收割机采摘成熟的番茄。机器前端的剪刀用于将番茄藤连根剪断。然后番茄连同泥土和藤蔓通过一系列的传送装置、光电传感器，再经过人工挑选，最后被倒入拖车。有时拖车会晚到，这时收割机驾驶员就有了短暂的休息时间。预期外的休息时间是研究人员的重点关注所在，可以借此探索因果关系。我们发现，5分钟左右的休息能将工人的生产效率提升10%。我们在实验室中重复了这项研究，为被试提供预料之外的短暂休息时间，结果发现，他们的表现确实有了很显著的改善。

如何从思考中学习

怎样才能做到遵从费德鲁斯的奉劝，让大脑时不时开个小差，从而更好地思考？你可以采用以下 5 个策略。

策略一，留出专门用于思考的时间。沃森曾对他的销售团队说：“我们不是靠出卖体力赚钱，我们是用头脑赚钱。”[29] 然而多数人疲于奔波，忙于应付一个接一个的工作，他们的工作日程表表明，体力劳动占据了他们的大部分时间。在我职业生涯的初期，有人建议我找到一天当中思维最敏锐的黄金时间，然后在这个时间点预留出数个小时来写作。我的最佳思考时间点在早上，因此直到现在我每日安排的第一项活动就是写作。然而我没法保证每天这个时间段都是可用的，有时候会有重要的会要开，或者有课要上。但是因为这个时间段非常宝贵，所以我必须想尽办法不去占用这段时间。作为团队领导，你也可以鼓励你的团队成员做同样的事，然后尊重他们的黄金时间。例如，有些公司会施行“周五不开会”制度，给员工时间去思考和完成工作。

我与乔恩·亚希莫维奇（Jon Jachimowicz）、朱莉娅·李、吉诺和约享·门杰斯（Jochen Menges）联合做了一项研究，探索在一日工作开启前而非结束时做反思能对绩效产生什么影响。我们发现，一方面，人们在工作中用于思考的时间是不够的；另一方面，大多数人表示浪费在通勤中的时间没有意义。鉴于此，我们决定尝试能否一并解决掉这两个问题。

初步研究之后，我们招募了 600 名全职上班族作为调查对象。这些人每天花在上班路上的时间至少有 15 分钟。在接下来的 4 周中，我们通过短问卷的形式对他们进行每日调查。在实验进行到第 2 周的时候，我们将他们随机分成 3 组，即对照组、愉悦组和反思组。对照组一切照旧；我们请愉悦组在通勤途中做一些让他们开心的事；反思组在第 3 周和第 4 周的每一天都会收到下面的短信：

> 我们非常想知道人们在上班路上会做什么。许多人认为，有一种做法令他们很受益，就是做一个当日工作计划或下周工作计划，然后反思这些计划会如何帮助他们达成个人目标和职业生涯目标。我们邀请你在上班途中也做同样的事情。例如，问自己下面的问题，为了这一周工作更有成效，你有哪些策略可以采用？你今天以及本周可以采取哪些步骤让你更接近你的工作目标、个人目标以及职业生涯目标？请使用通勤时间思考自己的目标并制订行动计划。

然后，我们再次对各组做问卷调查。我们发现，反思组成员的工作成效有了明显的改善，通勤带来的负面影响也降低了。此外，其他研究表明，持续反思自己的工作成绩不仅让个体受益，也能让团队受益。[30] 我们的目标是使反思成为能在工作中持续进行的常规活动，从而为学习提供帮助。花一点时间，放慢脚步去思考，让我们的信息系统运转起来，这是激活双回路学习模式的强有力方式。

有时人们十分抗拒花时间反思，理由是反思的时候他们容易走神，或者会感到无聊。我的回答是：太棒了！一个人感到无聊或者思绪处于游离状态时，往往是他最具创造力的时候。我在参加会议或者小组活动时，通常都会带一沓纸，因为每次当我忘掉手头工作并与自己的思想独处时，这往往是我最有创造力的时候。有研究表明，无聊感可以催生创造力。[31] 所以，给自己的反思时间做一个计划，但是如果哪天你的大脑游离了，那就随它去吧，看看会有什么有意思的事情发生。

策略二，在做最重要的决定时融入“事前评估”（premortem）方法。心理学家加里·克莱因（Gary Klein）提出了这个方法，目的是让项目团队更加深入地探究和学习，提高成功的可能性。克莱因和同事发现，当团队成员想象项目已经结束时，他们确立项目成果的能力会提升30%。[32] 在该发现的基础上，克莱因创造性地提出了“事前评估”这个概念，来源于“事后尸检”（postmortem）。在“事后尸检”概念中，法医专家对尸体进行检测以确定死因。而在“事前评估”时，个体或团队会提出以下问题：“假设你在一年后会一败涂地，这期间到底发生了什么，从而导致了这个结果？”这个方法不仅能迫使你对一件事进行深入思考，也能让你意识到事情的发展可能会出现差错并做好准备，或许会因此带来更具创意的想法。“事前评估”也可以帮助你避免过分自信，想当然地认为自己的想法必定会成功。这个方法能在你开始真正行动前便激发学习的过程。

策略三，做事后评估（after action review, AAR）。在这种情况下，通过反思我们可以创造从已发生的事件中学习的机会，从而提升未来的工作绩效。事后评估的策略在各个领域中都很适用，大到军事、科技，小到健康护理、娱乐。[33] 将事后评估写入工作计划中，相当于将反思纳入了工作流程。

事后评估的第一步，是将实际发生的情况与预期做对比，明确有哪些积极或消极的偏差。要实现有效的事后评估，很重要的一点是要牢记学习这一目标。对于团队任务，第一步，你可以邀请一个外部人士来推进小组讨论以避免组内成员之间相互指责；如果你只是反思自己的个体活动，那么可以请一位朋友或者同事参与进来。第二步，针对工作中发生了什么（或没有发生什么），获得全面的认识。这意味着你不能局限于自身认知，而是需要从他人那里收集信息，或以他人视角审视问题。利用你的提问技能，深入挖掘并理解各种结果背后的根本成因。第三步，确立未来可采取的改进措施。在这个过程中，我们要打开自己的思维。在单回路学习模式中我们需要关注和解决具体步骤存在的细小问题，而双回路学习模式需要我们探索问题发生的根本原因并思考全新的工作方法。那么，如果可以从头再来，你会如何去做？

策略四，制订休息计划。如果你想有效地学习，那么不管是在工作日、工作了较长一段时间还是出去度假，你都需要留出足够的时间来恢复精力。研究人员也试图找到最佳的一日工作计划，他们通常推荐每隔 25 分钟、50 分钟或者 90 分钟休息一次。[34] 这组数据通常是针对某些具体情况的。每个人适用的休息频次不一样，甚至同一个人的休息频次也不是一成不变的。其中一个关键点是要认识到，随着工作强度的升高，两次休息之间的工作时间应当缩短。另外一个关键点是，如何确保自己会停下工作去休息。弗朗西斯科·西里洛（Francesco Cirillo）的番茄工作法（Pomodoro Technique）建议使用计时器，设置 25 分钟倒计时。这个做法貌似有些极端，但有时的确是确保执行力的有效方法。[35] 我们知道，在休息这件事上，你的大脑总会和你对着干，所以你可以用日历、请同事监督，甚至使用计时器等工具来帮助自己。

把休息时间纳入一日工作安排后，你要确保这些休息时间能帮助你恢复精力。你的孩子在学校里惹事了，你请假去解决，这谈不上真正的休息。大量事实依据告诉我们，休息的时候人需要动起来，可能的话最好去户外走走。[36]或许你会觉得刷刷朋友圈、看看朋友们的最新动态之类的事能让人得到休息，可惜事实并非如此。你只是转移了注意力，虽然偶尔有用，但这样做并没有给你的身心恢复活力的机会。站起来四处走走是个不错的开始，要是能去同事的办公室小聊一会儿或者外出散步一会儿就更棒了。对我自己而言，最难的是起身离开办公桌，但是每次我去校园里转转或者和朋友聊会儿天，我都感到身心更加愉悦，整个人也更有活力。

除了在一天的工作中安排专门的休息时间外，你还需要确保下班后的时间能让你得到充分的休息并恢复精力。做点喜欢的事，哪怕一小会儿也行。去健身房或者活动活动，让大脑休息。研究表明，常规锻炼可以增加海马的体积，而海马是大脑中帮助人学习的区域。[37]你也可以看看书，或者与朋友闲聊。一天的工作越辛苦，你就越需要充电。在前面讲到的手部清洁研究中我们发现，护理人员一天的工作强度越大，他们越需要更多的时间休息才能恢复到正常的工作水平并遵守清洁制度。[38]

确保足够的睡眠也很重要。阿里安娜·赫芬顿（Ariana Huffington）一直在不遗余力地向人们解释，为什么充足的睡眠对工作效率、学习和健康这么重要。[39]要认识到，在许多情况下，为了学习你能做的最佳选择不是继续工作，而是上床睡觉，把难题留到第二天早上去解决。

策略五，度假。为了避免精疲力竭，并为将来的学习养精蓄锐、清除杂念，远离工作一段时间显得尤为重要。有研究发现，美国人的平均假期是18天，但是他们只休16天假。[40]度假的频率、时长和目的地都因人而异。对于度假的频率和时长，我的总体建议是，最好比自己设想的次数更多、时间更长。至于目的地，确保度假之所能让你获得短暂的逃离很重要。有些人只要每次都去同一类地方就足够了；但是对于更多的人，度假目的地会随着生活的需求不断变化。有孩子之前，每次感到身心疲惫时，我和我妻子就会去海滩；如果觉得精力充沛时，就会出国旅行。孩子还小的时候，我们的工作已经够让我们劳心伤神了，照料三个孩子更让人心累，这时我们一家人的逃离方式就是去迪士尼乐园。我很喜欢米老鼠，虽然我并不是迪士尼的“铁粉”，但是在迪士尼，所有的事情都有人替我做好了，加上天气暖和，这些因素都能让我满血复活。现在我的家庭进入了另一个阶段，我们的度假地点也随之改变了。如果你去了一个地方度完假，结果回来后身心疲惫，你觉得必须给自己再放个假，那么以后不要选择这类地方了。度假地点应当是能让你暂时逃离现有工作与生活的目的地。

为了更有效地利用学习时间，你需要在时间管理中更加注重结果而非手段。[41] 这么说的意思并不是要让你忽略过程，在第 2 章里我们已经探讨了过程对学习的重要性。我想表达的是，不管你是带领团队还是只关乎个人，你都不能把行动与进步混为一谈。要明白你或他人所需的时间安排方式是不一样的。举个例子，斯坦福大学的尼克·布卢姆（Nick Bloom）与同事发现，呼叫中心的工作人员在远程工作的情况下工作效率更高，因此我们不应该用办公室的标准规范去限制他们。[42] 只要他人的时间管理策略能有效支持他们的学习目标，其他人就不应该去随意评判。

关于时间安排，这里有一个重要的提醒：为各种活动划定时间段非常重要，也大有裨益，但是学习并不一定非得在这种严格控制的情境下发生。尽管你也许很希望为学习安排好时间，期待学习时段结束后能够立竿见影、得到问题的答案，但是你仍然需要放松和休息的时间来反思和思考，因为整个过程所需的时间可能比你预期的长。并不是所有的想法都会立刻产生效果，但是腾出时间“让这些想法飞一会儿”是很有价值的。

关于这个过程的一个很好的例证就是这本书的写作——总体很美妙，偶尔也让我抓狂。书中的观点源于我过去十几年所做的所有工作。但是如何将各个板块拼接起来以及采取怎样的叙事方式，这对我来说是一个学习的过程。我本着认真负责的态度，每天专门留出时间来做这件事。但是有的时候我无法控制自己的时间安排，比如有段时间我每周二从上午 8:00 到下午 3:20 都有课，无法写作。我内心追求效率的那一面会因为失去写作时间而感到沮丧。但是我发现，当我重新回到写作中来时，我通常对接下来要写什么有了更好的想法。或许我并没有找到问题的最终答案，但是我看到了进步。因此，安排时间时需要注重成效，但是不要期望学习总是线性进行。

很多年前，有一次我与我的导师戴维·厄普顿（David Upton）会面，我怕有遗漏，于是按部就班、匆匆忙忙地把我做完的以及手头正在做的所有工作都讲给他听。我一紧张，语速就会加快，而当时我跟他讲话更是像连珠炮似的。当我好不容易停下来喘口气时，戴维举起一只手示意我暂停。他等了几秒钟，看着我的眼睛，然后给我提出了一个我这辈子听过的最好的建议：“布拉德利，不要因为忙碌而停止思考。因为，忙碌本身并不意味着学习。”

> **不要为了行动而行动，相反，要认识到，当事情进展不顺时，强者自会选择好好休息，给自己时间以重新积蓄能量，停下脚步去思考。**

5/8

压抑自我、盲从他人有害无益

我很遗憾地说，晚上的时候彼得感觉有些不舒服。
妈妈让彼得上床睡觉，泡了些甘菊茶，让他喝了一些。
“睡觉前应该喝一汤匙。”
但是跳跳、墩墩和棉尾巴的晚餐有面包、牛奶和黑莓。

——

毕翠克丝·波特（Beatrix Potter），
《彼得兔的故事》（*The Tale of Peter Rabbit*）

在《彼得兔的故事》中，彼得的妈妈警告他和他的姐妹要离麦克先生的菜园远点儿。[1]然后彼得的三个姐妹跳跳、墩墩和棉尾巴去采黑莓，而妈妈则去了面包店。故事告诉我们三姐妹都是“好小兔”，而不听话的彼得还是去了麦克先生的菜园。接下来惊险的事情发生了。虽然他最终逃脱了，但他丢了他的新夹克。回家后，他的三个听话的姐妹得到的是面包、牛奶和黑莓，而他的待遇是吃药然后上床睡觉。

无论是在小时候还是长大后进入职场，我们都被不断地教导要记住《彼得兔的故事》中的教训，即要学会融入群体和遵守规则。像“好小兔”一样遵守他人定的规矩，服从他人的安排，满足他人的期待，这样做的好处显而易见：我们能更好地被他人对待，同时自身背负的压力和焦虑也减轻了很多，这似乎是一个双赢的结果。尽管我们会觉得需要像别人一样为人处事，但是这样做会限制我们的学习能力。

忠于自己内心的创业者

从哈佛大学毕业后，莉拉·贾纳（Leila Janah）选择了哈佛大学本科毕业生的典型职业路线，去了一家管理咨询公司。在此之前，她的生活轨迹可绝对和“典型”二字搭不上边。17 岁时，在一笔奖学金的资助下，贾纳前往加纳给那里的孩子教英语。这次经历让她看到了第三世界国家在发展中面临的巨大挑战。在加纳的这段时间，贾纳发现加纳人民才华横溢、精力充沛。谈到这段经历，她说：“我离开加纳的时候就在思考，为什么一个人力资源如此丰富的国家却如此贫穷。”[2] 虽然当时贾纳只有十几岁，但她知道终有一天，自己会投身于解决这种不平衡问题的事业中，只是她当时还不确定应该怎么做。

为了找寻方法，贾纳选择在本科阶段研究经济发展，关注焦点在非洲。大学期间贾纳曾休学一年，到世界银行工作，为对抗全球贫困问题贡献自己的力量。贾纳发现，除了善意，世界银行做出了各种努力，然而大多成效有限。这个组织并没有去探索解决问题的不同路径，这一点让她大为不解。贾纳相信，标准的非营利组织模式不太可能解决她想要解决的问题，于是她决定转向营利性机构。

在做咨询工作期间，贾纳觉得自己格格不入。这份工作激发了她的智慧，但缺乏社会影响力。贾纳发现自己来到了一个十字路口，她有着一份让无数人艳羡的工作，但她知道她无法在这份工作中实现自己的真正目标。贾纳发现，非营利性组织的影响有限，而营利性组织通常不愿意去解决她所关心的问题。于是她决定放手一搏，投身一片未知的领域。贾纳辞掉了工作，以一名访问学者的身份参加了斯坦福大学全球正义项目（Program for Global Justice）。

如何才能够有意义地减少全球贫困人口数？贾纳意识到或许能够从自己的众多经历中拼凑出一个可能的答案来。她认识到，如果能够将发展中国家市场中的劳动者与发达国家市场中的工作关联起来，那么她就可以解决她认为的“我们时代最大的伦理战斗——人们在获得工作的机会上存在巨大鸿沟”这个问题。[3]

贾纳成立了一家名为 Samasource 的公司（Sama 在梵语中意为“平等”），她的想法很简单：与谷歌、美国著名商户点评网站 Yelp 和商业图片公司 Getty Images 等大公司合作完成数字化工作，如确认餐馆地址或在名人照片上标注姓名等，然后利用互联网将剩下的工作外包至发展中国家。公司的种子资金和成长资本来自捐赠和拨款，而公司利润将为持续进行的业务提供资金。

这个想法虽简单，但是执行起来绝非易事。贾纳必须游说那些大公司参与此类活动，争取让投资者为新模式提供大量资金，说服员工来这个非营利性组织工作而不是去下一个谷歌。贾纳的公司还必须在发展中国家建立信息传递网络并培训新员工，这是一项巨大的学习任务。

通过这些操作，贾纳走出了一条独一无二的坚实道路，她的经验和好奇心将公司推向了新的领域。截至 2016 年，她为发展中国家提供了价值数百万美元的工作机会，对成千上万名工人和他们的家庭产生了积极影响。之后，她再接再厉，与 LXMI 一道发起了一项针对美国弱势工人的计划。LXMI 作为一个奢侈化妆品牌，主要从发展中国家市场的女性群体中获得稀有劳动力投入，通过线上以及丝芙兰门店销售其产品。[4]

通过忠于自己、走出自己的道路，贾纳开启了一次非凡的学习之旅，如今的她依然在路上。她没有像跳跳、墩墩和棉尾巴那样循规蹈矩，而是勇敢接受了自己内心的“彼得兔”。从学习的角度看，这样做是完全正确的。做自己才能更好地学习。

为什么做自己能够引发学习行为

为什么做自己能够促进学习？

第一个原因与动机有关。当真正做自己时，我们更有可能付出必要的努力。内在原因和外在原因都会驱使我们去做一件事情。科学管理之父弗雷德里克·泰勒在 19 世纪后期所做的研究以及他之后的很多研究人员指出，薪酬等外在奖励的确可以发挥作用，特别是当一个人收入很少、从事重复性工作或在工作中只需动手而不用动脑时，更是如此。[5] 但是，当你的领导无法明确地指出工作目标并制订相应的激励计划时，会发生什么？当领导想要员工既动手又动脑，又会怎样？当今时代，人人都需要学习，而且有才能的人可以在薪资相同的企业间任意选择。在这种情况下，我们该怎么办？

这时我们就要谈到内在动机了。丹尼尔·平克（Daniel Pink）在他的著作《驱动力》（*Drive*）① 一书中阐述了专精、自主和目的等内部因素如

①《驱动力》是趋势专家、畅销书作者丹尼尔·平克集 40 年研究成果的经典著作，他颠覆了传统的激励理念，提出了有关积极性的理念。该书简体中文版已由湛庐文化引进、浙江人民出版社于 2018 年出版。——编者注

何能够改善动机。在教授这个主题时，我也喜欢使用几十年前的一篇文章——弗雷德里克·赫茨伯格（Frederick Herzberg）的《再论如何激励员工》（*One More Time: How Do You Motivate Employees*）。[6] 赫茨伯格的研究很多都是基于他与企业长达 20 年的合作轶事。但后续的研究表明，他的轶事深深根植于人的动机运作机制。我告诉我的学生，如果他们在职业生涯中只能保留一篇在商学院读过的文章，那么就是这篇。

赫茨伯格提出，在一项工作中，能提高员工满意度的因素与那些引起不满意的因素是不对等的。使员工感到不满意的因素即他所称的“保健因素”，包括安全、薪酬和地位等。如果我们对某项工作不满意，我们会尽可能少做，甚至离职。然而，对所有这些因素进行调整从而让员工不再感到不满，并不能让员工满意并得到激励。满意和不满并不是硬币的两面。为了获得满足感，我们需要获得包括任务成就、责任和成长在内的动机因素。这些因素使得员工更有可能全情投入到工作中，因而他们就可以工作更久、更努力，学到更多。

赫茨伯格甚至认为，激励措施对措施设计者的激励作用大于对员工的激励作用。我喜欢引用赫茨伯格的驯狗故事来阐明这个观点：

我有一只一岁的雪纳瑞犬。当它还是一只小狗时，如果我想让它移动一下，就会朝它屁股踢一脚，这样它就动了。现在我已经完成了对它的服从训练，当我想要它动起来时，我会拿起一块狗粮饼干。在这种情况下，是谁受到了激励，我还是狗？狗想要的是饼干，但是想要狗动起来的是我。说到底，受到激励的一方是我，而动起来的一方是狗。[7]

这对学习意味着什么呢？从长远来看，想要学习和提高，我们必须要有动力。我们是做别人告诉我们该做的事情时更有动力，还是在做自己想做的事情时更有动力？在前一种情况下，我们相当于是对饼干做出响应从而跟随他人动机的小狗。而当我们做自己时，我们愿意为学习付出努力的可能性则会增加。

第二个原因与学习的过程有关。做自己以及行为的真实性可以引发积极的情绪。[8]这些情绪会重塑学习过程。心理学家芭芭拉·弗雷德里克森（Barbara Fredrickson）①将这个模型称为积极情绪的“拓展和建构”（broaden-and-build）理论。[9]弗雷德里克森解释说，恐惧和焦虑的情绪在进化中的意义似乎是显而易见的，但是研究人员一开始并没有意识到积极的情绪也具备进化目的。我们祖先生活的环境处处充斥着危险，想象一下，一个尼安德特人在遇到一只剑齿虎时，他并不会感到快乐或受到鼓舞，有的只是恐惧和焦虑，使得他必须集中精神，这就激发了单回路学习和解决问题的过程。当危险已近在眼前时，任何关于长期策略的创造性思考对他来说都是蛮干。

那么积极情绪扮演的是什么角色呢？弗雷德里克森首先假设积极情绪在进化中发挥了重要作用。相比于受到直接威胁的情况，积极的情绪发生在安全空间，鼓励我们更广泛和多样化地思考，让我们更有可能看到不同的联系并以创新的方式处理事务。科学研究证明了这种观点，积极的情绪

① 芭芭拉·弗雷德里克森是积极心理学领军人、国际积极心理协会（IPPA）前任主席，“全球最具影响力的12位心理学家”之一，其经典著作《积极情绪的力量》（十周年纪念版）已由湛庐文化引进、中国纺织出版社于2021年出版。——编者注

能够拓展我们对情境因素的认识，例如，我们对不同刺激的反应时间会缩短，我们能对环境进行更广泛的搜索，我们甚至会利用不同的认知资源。[10] 在拓展的同时还要注意积极建构。弗雷德里克森等研究者利用随机对照实验证明，积极情绪可以改善学习能力和理解能力，能够增进我们与他人的关系。[11]

如果你做自己，而不是简单地模仿他人，那么你更有可能得到提升学习能力的机会。你的学习动力会更大，你也更有可能接触到一个新的学习过程，从而获得新知。然而，做真实的自己而不是屈从于他人的期望，这件事并不那么容易。

做自己的挑战

做真实的自己有助于学习，但我们面临着有意识和无意识的双重障碍。例如，我们经常认为自己无法胜任某一项任务，即便有充分的证据证明我们的工作能力很强也无济于事。心理学家保利娜·克兰西（Pauline Clance）和苏珊娜·艾姆斯（Suzanne Imes）将这种现象称为“冒充者综合征”（impostor phenomenon）。[12] 即使是非常成功的人，也会怀疑自己的能力。

美国著名诗人、作家玛雅·安杰卢（Maya Angelou）在接受《纽约时报》采访时说：“我已经写了 11 本书了，但每次新书出版时我都会想，‘完了，这次人家要看穿我的老底了。我骗过了很多人，这次要被揪出来了。’”[13] 还有一项针对公司总裁的调查发现，虽然这些总裁已经身居公司顶层，但他们最担心的是自己可能会暴露出能力上的不足。[14]

//解构学习

冒充者综合征

可以看出，冒充者综合征普遍存在。那么它是如何改变一个人的行为的呢？很多时候，在充满挑战的情况下工作，会让我们怀疑自己的选择，而不是将这些挑战视为日常工作中非常自然的一部分。有时我们可能会一蹶不振，或是试图伪装成别人的样子。冒充者综合征会让我们去模仿那些在我们眼里具备搞定一切的能力的人。

//

当我在课堂教授这个理论时，我有时也会对这一点产生疑问。我的学生对冒充者综合征产生了极大的共鸣，因为每个人都会时不时怀疑自己的能力。然而，当我讲到我们非常容易受到他人行为的影响并且很容易从众时，有人声称这种情况不会发生在他们身上。研究结果支持了我所说的观点。我看过的最好的佐证是1962年的短片《偷拍》（*Candid Camera*）中的一集，名为“面对后方”。摄像机拍摄的是一群搭乘电梯的人。[15]伴随着解说员的解说，被事先安插在电梯内的几名工作人员做了一个动作——转身背对电梯门站立。不知情的乘客也跟着他们转过了身体。在视频最后，工作人员让一名不明就里的乘客跟着他们一起摘下帽子，然后又重新戴上。当一个人不自信或产生自我怀疑时，他通常会设法顺从他人。

当然，从众心理远不止20世纪60年代电视节目中所表现的这么简单。我们初入一家公司时的心理活动就是一个很好的例证。起初我们不确定应该采取怎样的行为，不清楚公司对我们的期望，不知道规则和规范是什么。当碰到这种情况时，我们会想尽办法融入其中。例如，我大学毕业后的第一份工作在高盛集团。上班的第一天，我莫名感觉自己像是一个冒名顶替者。作为一名工科毕业的大学生，我没有在传统投资银行的求职经历。结果可想而知，虽然我知道这个职位备受追捧，但我对其中的选拔过程并没有概念。我想，我进入哈佛大学的可能性都比我从得克萨斯大学奥斯汀分校毕业后直接进入高盛的可能性更大。随着入职的日期越来越近，我也从更多人的口中得知我将要供职的公司要求有多高，我开始恐惧起来：入职后我如何才能真正融入？因为不知道该做什么，我穿上了我的灰色细条纹西装，打上了红领带，试着像我周围的人一样说话。透过我的穿衣说话方式，我妻子看出我是想要通过这种方式克服内心的不安，所以她提醒我说，高盛的人聘用我是有原因的，他们相信我可以通过学习胜任这份工作。她是对的。当我全身心投入到实际工作中时，我发现自己可以很好地应对并且乐在其中。

当你压制自我、盲从他人时，你不仅会直接错过学习的机会，而且会在潜意识里伤害自己。研究表明，抑制一个人的身份认同会让他在心理上精疲力竭，还可能导致心血管疾病和其他健康问题。[16]盲从他人会引起焦虑和其他负面情绪，这些情绪会在两个重要的方面影响到我们的学习。

一方面，虽然一定程度的焦虑可能是有益的，但是过度焦虑会让人疲惫不堪。在这种情况下我们很难做出决定，甚至什么事都做不了。耶克斯–多德森定律（Yerkes-Dodson Law）探讨的就是这个问题。[17]轻度的焦虑有助于我们集中注意力，提醒我们某个地方出错了，需要我们好好处理。在一堂课的讨论中，一名学生说他认为恐惧是学习的最大动力。在某种程度上，他的说法是对的。当我们害怕如果不学习会有某种不良后果时，我们就会非常积极地学习。但是这只是问题的一面。

另一方面，焦虑也会改变我们的学习方式。正如积极情绪遵循“拓展和建构”模型一样，负面情绪也会导致特定的学习模式。焦虑和恐惧预示着麻烦的到来。人体对此的响应方式是启动“战斗或逃跑”（fight-or-flight）模式，快速评估周遭信息并做出决定。如果你面临的结局是被吃掉，那么减少需要考量的信息并快速决策才是明智之举。然而这样的响应方式恰恰会抑制学习的发生。即使不需要立即做出决定，焦虑和恐惧也会导致我们无法谨慎地思考更多的选择，哪怕是在需要做出改变的时候也依然会故步自封。[18] 因而，耶克斯－多德森定律的另一面告诉我们，虽然轻度的焦虑可以提高业绩，但重度的焦虑会让业绩下滑。

例如，在哈佛商学院撰写学位论文期间，克拉克·吉尔伯特（Clark Gilbert）以报业公司作为研究对象，研究他们如何看待互联网发展所带来的威胁。我们现在理所当然地认为可以通过互联网获取新闻，然而互联网技术将如何改变传统报纸行业，这一点往往并不明朗。报业公司不仅要考虑发行问题，也要考虑如何应对商业广告和分类广告业务所面临的冲击，这些业务曾经为他们带来丰厚的利润。吉尔伯特发现，当传统媒介工作者将互联网视为对传统媒体的强有力威胁时，他们更有可能通过花钱来应对，但这样做的方式十分狭隘。虽然恐惧促使他们试图学习，但反过来，恐惧也限制了他们成功解决问题的能力。

如何通过做自己去学习

如果做自己有助于学习，你却常常阻止自己这样做，应该怎么办？

第一步，你需要学会如何从日常生活的种种局限中释放自我。即使是小小的助力也会产生很大的影响，我在一项研究中结合个人经历探讨了这个问题。

几年前，我在维布络公司待了一天。该公司的数万名员工为全球范围内的客户完成如接听电话、出具文书等后台工作。多年来，我一直与维布络合作开展学习和提升的研究项目，我最早的联络人之一德文特·马尔霍特拉（Devender Malhotra）已成为公司的首席质量总监。那天马尔霍特拉邀请我与公司的员工会面，看看我们是否可以找到合作机会。这一天里，我认识了很多有趣的人，看到了很多有意思的项目。在会面即将结束，我准备离开时，我问他有没有问题要问我。马尔霍特拉是一个沉稳且有思想的人。只见他思考片刻，然后回答道："我想知道你对减少人才流失有没有什么看法。"

当他满脸期待地等我给出答案时，冒充者综合征开始在我身体里肆虐。我以美国大学知名学者的身份在这里度过了一天，这一整天我都觉得自己学识很渊博。而现在，在一天即将结束的时候，我感到慌乱失措。他的问题并不突兀，印度 BPO 行业每年有 50% ～ 75% 的人才流失，部分企业甚至高达 100%，人才流失率相当高。要满足心怀不满的客户的需求是一项艰巨的任务。此外，员工经常从一家公司跳槽到另一家公司，以便在印度繁荣发展的经济环境中获得更多的薪资；或是到电信或零售业中尝试其他低门槛工作。

我不记得自己对马尔霍特拉说的原话是什么，但大致意思是“我不知道，但我保证肯定会想出一些让双方都感兴趣的东西来”。在此行接下来的自由活动时间以及 20 个小时的回程路上，我都在思考他的问题。在此之前，我的大部分研究关注的都是如何在实干中学习。但是，如果很大一部分员工可能在入职最初的几个月内就选择离开，那么需要花费很长时间才能开展的干预措施是根本行不通的。回到家后，通过与我的长期合作伙伴弗朗西斯卡·吉诺交谈，我不断有想法蹦出来。我们都认识到，有必要找那些花更多时间研究个人入职经历的研究者聊一聊。很幸运，当时北卡罗来纳大学的同事丹·凯布尔就是一个绝佳人选。我和吉诺开始讨论各种想法，其间我们意识到自己过于渐进保守，我们需要从另一个角度看待问题：有什么举措是可以减少员工流失但公司却永远不会同意实施的？我和吉诺觉得通过剑走偏锋，能够获得一些看似荒诞的点子，然后我们可以回过头来在其基础上进行改造以适应现实情况。接下来的讨论很快就聚焦到了一项以个人为中心的干预策略上，我们特别喜欢这个点子，忙不迭地向维布络的领导人员汇报了这个想法，结果让我们既惊讶又开心：他们对我们的想法表示赞同，他们同意在每个新员工入职上班的第一天，留给我们 1 小时时间实施干预计划。

我们关注的中心问题是释放每位员工的个人特质。我们认为哪怕一个小小的助力行为都可能会产生很大的影响。因此，我们试图将 1 个小时的时间全部放在个人身上。在最初的 15 分钟里，公司的一位高层领导向新员工讲述在维布络工作如何能让人们成为自己并找到属于自己的机会。在接下来的 15 分钟，我们让新员工进行一个解决问题的练习，然后让他就自己如何在工作中发挥个性做 15 分钟的思考。最后，员工向房间中的其他人介绍自己的个性。在这些新员工离开时，我们发给他们每人两件羊毛运动衫和一个徽章，上面全都印了他们的名字。

最初，我们只是打算将这个实验组与没有接受干预的对照组进行比较研究。但后来我们意识到，存在有人只是喜欢免费东西的因素，所以我们创建了另外一个实验组，为这个小组开展以组织为中心的干预：首先由一位高层领导花 15 分钟时间讲解维布络的价值观以及公司出类拔萃的原因是什么（该公司的工作岗位十分抢手，最终被录取的员工数量很少）；然后请一位明星员工谈论同样的话题，接下来员工们有 15 分钟的时间思考，想象在维布络工作让他们感到骄傲的是什么；在最后 15 分钟，让他们集体讨论这个问题的答案；离开时他们拿到了印有公司名称而不是个人姓名的运动衫和徽章。[19]

就是这样，我们改变了新员工入职第一天的一个小时，之后所有人都经历了相同的 14 周常规培训，然后前往工作岗位开始工作。工作本身并没有发生改变，改变了的只是他们做自己的价值观念。于情于理我们都相信这样的干预将会产生积极的影响，但这必须要等到几个月后实验数据出来了才能确定。

那年夏天，我和研究小组齐聚我的办公室内，一起讨论研究的过程。通常情况下，在开始分析前我们要花很长时间做准备工作。但是这一次，我们想先试试“目测法”（eyeball test），看看能否仅仅通过概括统计数据直观地看出员工流失率的变化。我负责准备数据，吉诺和凯布尔负责盯着显示器。数据准备好了，我按下回车键，我们三人都弓着背凑到屏幕前。

我记得当数据图首次呈现在屏幕上时，大家一片沉默。当我们回过神来，意识到眼前的结果显示了巨大的改变时，每个人脸上都绽放出灿烂的笑容。聚焦个体的实验组的员工流失率比对照组和聚焦组织的实验组均低20% 以上。后续通过复杂的回归模型所做的分析揭示了相同的答案，并给出了证据，证明在某些情况下客户满意度也提高了。

作为实验的后续工作，我们通过模拟维布络的情况，与学生一起进行实验室实验。我们进行了类似的干预，由学生完成数据录入。第二天我们邀请他们返回实验室，由此来评估流失率，如果他们没有回来，则视为“离开公司”。我们再次发现，针对个体的干预产生了巨大的影响。通过分析我们得出了产生影响的驱动因素：针对个体干预的员工组的报告显示，他们表达真实自我的程度更高，因此人员流失率更低，由此产生的工作表现更佳。

释放一个人的个性会产生强大的能量，而且过程并不复杂，只需花一些时间思考如何在工作中做自己，然后去行动就好。正如电影《早餐俱乐部》（*The Breakfast Club*）中的安德鲁所说：“我要说的是，我们每个人都挺奇怪的。只是有些人更善于掩饰罢了。”[20] 想一想，如何释放自己心中的“彼得兔”，让自己更有效地学习？如果你是领导者，请鼓励周围的人这么做。借助反思带给你的有意义的东西，你可以成为更真实的自己，学到更多。释放你的个性吧！

不过话说回来，虽然我们确实想在工作中施展个性，但是我们还要有保持平衡的意识。我们需要尊重他人及组织的规则和规范，我们的目标应该是追求“最优特性”（optimal distinctiveness）。[21] 与众不同可以成就我们，激励并引导我们追求更广泛的学习方式，但也可以导致他人对我们的身份地位做出评判。例如，一位教授穿着红色的西装和鞋子出现在课堂上，或者一名顾客穿着运动裤光顾一家奢侈品商店时，旁人会认为他们肯定有很高的社会地位，否则他们的衣着不会那么特别。[22]

最优特性理论指出，如果事情做过了头，完全无视了那些需要我们与之互动的人的行为准则，那么这时的与众不同就成了问题。有研究发现，能把笑话讲得得体成功的人被视为具有突出能力和较高的社会地位。人们会把开玩笑不合时宜、不好笑与无能、社会地位低下联系起来。[23]

所以，我们的挑战是如何做一个真实但不古怪的人。我的建议是：如果想要学习，你必须释放真实的自我。但与许多事情一样，把握好“度”很重要。一旦过头，会给你和其他人带来麻烦。这种平衡也很适用于我的教学。

当我第一次走进教室时，我又一次感觉自己像是冒充者。虽然我是以专家的身份站在教室前方，但我真的懂得够多吗？为了抵消我的恐惧，我试着去模仿教过我的一些优秀的老师，包括戴维·厄普顿、弗朗西丝·弗莱和简·里夫金（Jan Rivkin）等人。但是当我这样做时，我感觉自己很不真实，我可以看到学生们脸上写满了疑问。当我开始放松并感到舒服时，我意识到成功的唯一方法就是把真实的自我代入课堂。因此，随着时间的推移，我逐渐形成了一种时而混合幽默和丰富的专业知识，时而能量爆棚的讲课风格，我认为还挺成功的。

随着工作越来越顺手，我跌跌撞撞学到了宝贵的一课：百无禁忌的确是有点过于“放飞真我”了，比如讲太多自己觉得特别有趣而别人听着毫不相关的段子，以及上课时绕着教室一刻不停地来回踱步等。所以我收敛了一些，依然做自己但确保不过头。这意味着我有的时候只能在心里默默地讲一个笑话，这可能就是我上课时脸上会冷不丁浮现出笑容的原因。但这种平衡能确保我和我的学生都能充分地得到学习。

第二步，你需要营造周围的学习环境。无论在哪里工作，你都可以想办法在工作环境里体现一些个人特色。你可以试着添加一些带有艺术气息的小摆设，如艺术品、专业艺术家的作品或儿童作品；也可以放几张照片，比如某个你爱的人的照片；或是放一些个人纪念品，比如你最喜爱的运动队赢得冠军时的纪念胸针等。如果你来我的办公室，你会发现我把家人和朋友的照片挂满了墙壁；还有几件艺术品，既有我孩子小时候画的超级英雄，也有代表我母校的长角牛的专业挂图（我以我的母校得克萨斯大学奥斯汀分校为荣）；还有我旅行到访过以及生活过的城市的纪念品。所有这些物品都能让我嘴角上扬，让我放松，并且成为有人来访时交谈的话题。

我还有一个打扮成“魔法师学徒”的米老鼠玩偶。起初我在一个最要好的同事办公室里看见过这个毛绒玩偶。她告诉我，当她遇到困难时，这个米老鼠帮助过她。于是我也买了一个，因为我知道这个米老鼠总会让我心情愉悦。而且，当我再遭遇挫折时，看到米老鼠，我就会想起那位同事，想象如果她遇到这种情况会怎么做。这样想带来的结果往往与我的本能做法不同，但很可能是成功的做法。当另一个朋友告诉我她遇到麻烦事走不出来时，我也送了她一个米老鼠。如今，每次看到米老鼠，我都会想起她们俩，也会想到米老鼠的魔力和朋友们的鼓励是如何帮助我走出所有的困境的。

我逐渐理解了营造学习环境这一举措背后的意义。我不断在办公室增加令我开心的事物，并发现我的学习越来越高效。现在，我认识到空间和情感对学习至关重要。因此，无论你拥有的空间有多大，请考虑一下如何整合及布置这个环境，给自己创造一个快乐的源泉。

第三步，想办法提高日常生活中积极情绪的占比，降低消极情绪的占比，这样能帮助你摆脱消极情绪带来的种种局限。永远乐观能使你的力量倍增。科学研究并没有告诉我们积极情绪与消极情绪间的确切比值应该是多少，但是对绝大部分人来说，提高这个比值会带来更好的结果。特别是在你制定了重要的学习目标时，提升这个比值显得尤其有价值。想要做到这一点，先适当增加一些积极体验吧。

有很多途径可以做到这一点。想想你喜欢的事情都有哪些，试着把它们融入你的工作和环境。也可以思考一下有哪些激励自己的方法。例如，关于幸福的研究发现，相比于为自己做事，帮他人做事能带来更多的快乐和满足。研究显示，花钱给他人买礼物的人比花钱给自己买礼物的人更快乐。[24] 当然，创造积极的体验并不一定需要花钱。你可以向帮助你成长的人表达感激：给以前的老师或导师写信，或者直接打一个电话——这样更好。

> **我们以为要成功就必须适应周围的环境，但在某些时候，事实可能恰恰相反。当我们允许自己展现个性时，其他人不会因此小看我们。当我们做真实的自己时，他们会尊重我们，我们也能更好地学习。**

已故伟大管理思想家沃伦·本尼斯（Warren Bennis）曾说过一句话，提到了试图模仿他人是多么令人窒息的做法，鲍勃·萨顿教授引用了这句话："你能做到的最好结果就是成了某个前人的完美仿品。"[25]不要成为这种命运的牺牲品。做你自己吧，你会更积极，更有动力，能够投身于更加开放的学习当中。

6/8

有些弱势是不需要弥补的

我的力量很普通，只有应用才带给我成功。

——

牛顿

2002年初，我来到了人生的一个十字路口。这一年的6月，我将从哈佛商学院毕业，获得MBA学位，所以此时我该找工作了。我先是去了奥斯汀的戴尔公司做战略规划。离开戴尔后，我尽全力做了最深入的思考和调查，决定重点关注咨询和私募股权投资这两个行业的工作机会。最终我需要在麦肯锡咨询公司和一家备受关注的风险投资公司之间做出选择，后者主要的投资领域是工程技术和医疗保健服务。这两家公司都是各自行业里的佼佼者。我列了各种清单，找朋友和导师交谈，更是花了很多时间与我妻子进行推心置腹的讨论。

做这个决定需要考虑很多因素，但是经过大量分析，其中的两个因素凸显出来。一是去麦肯锡能够进一步打磨我的分析能力和协作技能。分析和协作都是我喜欢并擅长的事，而且我相信当我和其他聪明有才干的人一起分析复杂的问题时，我能最大程度地发挥自己的能力。

二是风投公司的工作会把我推向一个完全不同的方向，很有可能要像一个企业家那样去工作。我有很强的意愿去创造东西，我也看到过我叔叔和父母成功地创办并经营一家面向企业的软件公司。另外，我哥哥即将出售他自己一手创办的非常成功的创业公司。我知道，如果我想成为一名成功的企业家，我必须提高自己的推销能力。风投工作有很多吸引人的方面，但有一点让我有所迟疑，该公司采用的是以销售为中心的运营模式，也就是说我每月会花四分之三的时间去各个城市寻求达成新交易的机会，把自己推销给潜在客户。而当我在办公室时，我的大部分时间都会花在给潜在客户打电话上。

对于自己在销售能力方面的匮乏，我认为它是阻碍我实现长期目标的弱点。最终，我决定加入风险投资公司来帮助我克服这个弱点，因为我觉得进入麦肯锡只能进一步提升我现有的优势。于是我去了这家风投公司。

工作期间，我发现同事们都是有趣的人，工作本身也很有吸引力，我尽职尽责地给客户打推销电话，不断打磨自己的销售能力。虽然我在销售上没有太多热情，但当我置身于一个要求我做好销售的环境中时，我也可以应付，并且销售能力有所长进。然而，我感觉有些格格不入。我不喜欢正在做的工作，而且说实话，我的表现只是过得去而已。我投入了时间，也努力了，尽管我不是史上最差的风投资本家，但是离最棒的也相差十万八千里。痛定思痛，我重新考量了自己的优势所在，最终走上了商业研究的学术道路。

经过多年对学习的研究，回头看那段经历，我发现自己犯了一个太常见的错误。我并没有想方设法发挥自己的优势，反而纠结于自己的弱点。如果要给年轻时候的自己提一个建议的话，我会说，那些不相关的弱点不用耗费精力去修复。兴趣是最好的老师，当我们发挥自己的优势，即我们最杰出的能力时，我们才能获得最佳的学习效果。

优势会给我们带来激励。我们知道自己能够胜任某项工作时会有强烈的动力去做它。[1]我们可以强迫自己去学习我们不喜欢的东西，就像我们可以强迫自己吃对健康有益却不怎么好吃的蔬菜一样，但是换个角度想想，正如所有的父母都会说的那样，如果你能把蔬菜烹饪得美味，那么所谓健康饮食并非难事——学习也是如此。从事与自己禀赋相一致的工作能够带来内在和外在的双重益处。

当你在发现新事物的过程中拥有了成功的体验时，这种体验会将你带回孩童时代对一切新事物充满好奇的神奇状态。爱因斯坦说过："当你做一件让你感到十分享受甚至忘了时间的事情时，你的收获最丰盛。我有时一心扑在工作上，完全忘了午饭这回事。"[2]回想一下，在你的生活中，上一次因为做一件事而废寝忘食是什么时候？就像创造新发现一样，我们在实现更大目标的过程中完成的一个个小任务可以激励我们保持专注，不断前行。[3]我们专注于自己的优势时，产生这些积极影响的可能性更大。

除了创造动机，做我们擅长的事还可以改善健康。研究表明，如果一个人在一天之内发挥了他的优势做了有成就感的事，那么他多半会感觉精力充沛并且精神焕发。[4]为了更详细地了解这一点，我和朱莉娅·李、丹·凯布尔、弗朗西斯卡·吉诺开展了对此的研究。[5]我们将被试随机分成两组：实践组被要求参与所谓的最佳自我反思练习（稍后详细介绍），而对照组则不参与。在实验室中，我们收集了每个被试的唾液样本，检验他们的分泌型免疫球蛋白A的水平。这种抗体通过限制细菌和病毒附着在黏膜表面的能力来帮助身体抵御感冒和其他感染。然后，实践组阅读有关他们优点的报告，对照组则写下他们的日常生活惯例。大约30分钟后，我们再次收集唾液样本。随后的分析显示，实践组的免疫系统能力的确增强了。

发挥个体的优势也可以为个体创造外部动机，因为目标的达成会带来他人的赞扬和认可，这是高业绩的关键驱动因素。我们寻求这样的认可，并会为此支付代价。例如，加州大学洛杉矶分校的伊恩·拉金（Ian Larkin）教授对一家大型企业软件公司的销售人员进行了研究。该公司规定，销售业绩排名前 10% 的员工可获得销售俱乐部的会员资格。[6] 这项福利还包括一封由总裁发给全体员工的表扬邮件、与其他俱乐部成员一起前往百慕大度假，以及获得一颗可以印在名片上的金星。这是一种来自公司的认可，这种认可价值非凡，但是折算成金钱又值多少？拉金分析发现，刚好赢得俱乐部会员资格的员工与刚好错过会员资格的员工在长期业绩的表现上并没有什么差异。当他询问销售人员愿意支付多少费用换取加入俱乐部的资格时，他们的平均出价是 1000 美元。考虑到俱乐部代表的声望和认可度，员工们给出这么高的报价并不奇怪。

根据公司的制度，拉金找到了一个可以估算出俱乐部会员资格实际价值的方法，而不仅仅凭借员工们心里的预估。该公司的薪酬体系很复杂。如果销售人员等到次年第一季度再核算绩效，而不是在当年第四季度就进行核算，那么大约 20% 的销售人员会赚到更多的钱。但是，在第四季度核算绩效会增加进入俱乐部的可能性。经过仔细的建模，拉金发现，平均而言，通过提前核算绩效，销售人员最终相当于支付了 3 万美元（其工资的 5%）加入俱乐部。这就是他人认可的巨大能量。

在思考优势和学习的关联时，这个原则也是适用的。当你发挥自己的优势时，你不仅会高度投入，而且取得成功的可能性也更大。其他人会注意到你的成功并给你反馈，从而形成一个良性循环。你希望能够持续得到这样的肯定，因此你会寻求改进并发挥你的优势。

下面是另一个能够证明发挥优势可以带来内部和外部双重动机的例子。经验和证据表明，大多数人并没有完全投入到自己的工作中。盖洛普公司多年来一直在全球范围内调查工作投入度的问题。研究结果显示：在2016年，美国只有33%的员工报告称他们在工作中有很高的投入度；而放眼全球，这一数字仅为13%。[7] 调查者也向员工提出了许多其他问题，得出的结论是一致的，即在工作中是否经常发挥个人优势是工作投入度的最佳预测因子。报告称，能够发挥优势的员工具有更高投入度的可能性是那些没有发挥优势的人的6倍。[8]

从优势中学习的挑战

既然优势是如此强大的学习工具，为什么我们不经常使用它呢？因为我们往往把注意力放在弥补弱势上，而在确认自己的优势方面又很纠结。

在一本讲学习的书里大谈人们应该忽略自己的弱点，似乎有些不合时宜。我们的弱势所在实际上决定了我们对学习内容的选择。想想绝大多数公司的业绩评估制度，无论这些评估数据来自360度无死角的评估报告，还是出自领导本人的个人评断，其格式都是所谓的“三明治”反馈模式：开头和结尾是一些形式化的积极评语（“三明治”的两片“面包”），中间的大多数篇幅都聚焦在需要改善的事情上（员工的弱点），构成了沟通的主要内容。

我们往往会对出错的事情耿耿于怀，极力想要修正。但究其原因，我们认为为了获得长期的成功，必须在各个方面都要优秀。从商学院毕业后，我觉得我必须找出自己所有的弱点并克服它们，才能实现自己的目标。如果我能同时成为一名伟大的战略思想家，做到仔细分析所有情况、善解人意地与团队成员互动、对内对外令人信服地分享我的想法并最终将其推销出去，那么我就会成功。理论上，如果我能够出色地完成所有这些事情，我成功的概率毫无疑问会提高。然而我和大多数人一样，在某些方面具有优势，在其他方面也有弱势。何况一天只有 24 个小时，如果我选择花时间改善我的弱点，那么我就必须放弃进一步发展自己优势的机会。此外，在许多情况下，一个人的弱势不仅仅代表着他在某些事情上不擅长，而且同时也意味着要在这些方面变得优秀的可能性非常小，即使很用心也不见得有效果。

对于公司来讲，这个道理同样适用。一个公司的每一项政策和决策结合在一起就会形成该公司的一套能力逻辑，而很多公司对这一点并没有清晰的认识。这些决策构成了公司的运营策略。如果一个公司具有良好的运营策略，则说明该公司的工作方式优于竞争对手，受到了客户的认可，因此这个公司能够创造并获取价值。而很多公司试图成为能够满足所有客户全部需求的万能公司，要做全市场上成本最低、质量最高、最具创意、生态友好型的健康解决方案提供者。

> **不要试图变得十全十美，而要决定好自己关注的重心是什么，以及要对哪些东西说“不”。**

服装快消品牌 Zara 就是一个很好的例子。Zara 助力了快时尚概念的诞生。快时尚指零售商观察到当下的时尚趋势并快速转化成店内产品的模式。因为服装这个传统行业一直以来从最初设计到投产、销售的周期很长，所以快时尚这个概念实际上比听起来更复杂。Zara 在全世界近 90 个国家拥有两千多家店铺，取得了巨大的成功，不少品牌都争相模仿它。Zara 在运营模式上进行了多项创新，比如店铺经理拥有相当大的自主权来决定选品类型，以及雇用活跃的业务人员来进行追踪潮流、快速设计和组织协调等工作，创新贯穿各个环节。其中，Zara 的两项决策尤其值得关注。

第一个决策是品牌部门决定对运营实施纵向一体化管理，也就是说自己设计产品、自己生产并在自己的店铺销售。Zara 仅把缝制等一些生产环节外包出去，这使得它自身在整个供应链中的参与程度明显高于竞争对手，而后者通常会将整个生产环节甚至部分产品设计工作都外包出去。

第二个决策看起来甚至有些违反常理，Zara 选择将大部分生产业务放在西班牙的一些高成本地区和欧洲的其他地方。在竞争对手纷纷涌向中国、孟加拉国、越南等国家和地区时，Zara 独自逆流而行。它意识到，要实现客户所看重的快速性，就必须做出一些牺牲，比如承受生产地的高成本。

传统的弱势规避思路会消减 Zara 的优势。没错，Zara 的生产成本可能的确更高，但通过专注于其优势，即以最快的速度将对的产品推向市场，它可以在市场竞争中不断学习、提升并斩获成功。一旦某种时尚潮流在零售市场上大受欢迎，那么零售商们就会希望大量生产潮流产品以获取丰厚的利润。然而如果生产和交付周期长达 6 ～ 9 个月甚至更久，这样做显然是行不通的。Zara 的模式解决了这个问题，并使竞争对手很难模仿。

Zara 的品牌设计初衷不是为了生产数年不过时的产品，它的产品竞争力在于速度和时尚，而不是质量好和耐穿性。而对我来说，质量好和耐穿很重要。我有一件西服从大学三年级一直穿到了现在，而我的衬衫只有在我妻子提醒我说领子已经磨破的时候才“光荣退役”。但是Zara知道，像我这种一件西服一穿就是20年的大学教授并不是他们的目标客户。他们的目标客户是一件衣服只穿几次就会立刻换新款的人群。如果Zara要解决服装寿命短的“弱点”，那么它只会徒增成本而不会收获明显的优势，因为这些衣服依然不会吸引我这样的非核心顾客，而且也不会给核心顾客增加价值。Zara很清楚要摒弃许多可能的选择。Zara运营战略的考量重点集中在有助于为其客户提供更好服务的要素，又叫“订单赢得要素”（order winners）。[9]

// 解构学习

订单赢得要素

订单赢得要素来自特里·希尔（Terry Hill）教授的订单赢得理论，指的是促使客户最终选择一项产品或服务的绩效结果。

你也可以在考虑自己的学习目标时使用相同的逻辑。你要摒弃将所有弱点都视为学习需求的观点，相反，要专注于能够让你创造价值并使自己与众不同的关键优势。你的优势可以成为你的“订单赢得要素”。

//

那么，如何确定我们的优势呢？通常情况下，人们很难准确评估自己。这种无法对自己进行准确评估的现象有时被称为“乌比冈湖效应”（Lake Wobegon effect）。这个术语源自加里森·基勒（Garrison Keillor）的广播节目《草原之家好做伴》（*Prairie Home Companion*）中的一个虚构小镇，镇上的“女人都很强，男人都很帅，小孩儿的智力都高于平均水平”。

当我在大学里教授学生如何做决策时，我进行了一项调查，向参与调查的学生提出以下问题：“相对班上的其他人，你给自己的__________划定的百分位排名是多少？”学生在空格处填写自己的能力指标，如取得好成绩的决心和执行能力等。因为问题要求的是评定相对排名，所以如果整个测验组的评估结果都是准确的，那么最终的百分位排名平均值应该是50。然而，参与调查的学生给自己的排名均高于平均值。

一项针对100万高中毕业生的调查显示，70%的人认为他们的领导能力高于平均水平。[10]其他研究的结论也存在类似现象。例如，一组探讨人们为什么错误地认为自己比别人更加慷慨和善良的实验结果表明，[11]有两种可能的解释：一个是他们低估了同龄人的慷慨程度，别人其实比我们想象的更好；另一个是他们对其他人的评估是准确的，但对自己的评估却有失偏颇。一直以来，研究人员发现后一种解释是成立的：实际上，我们自己比我们以为的更无私。

类似的例子不胜枚举。[12]比如公司领导者普遍认为他们自己的公司比业内其他公司更有可能取得成功。情报分析员、医疗专家和心理学家都高估了他们工作的准确性。我所在的行业也未能幸免——94%的教授认为他们的工作水平超过平均水平。在一家公司内部展开的一项研究中，研究人员发现，员工对自己工作表现的平均评分为 78 分（满分 100 分），而只有 2% 的员工对自己的评分低于 50 分。[13]

我们对自己所持的这些错误看法表明，我们的确很难做到准确评估自己的优势。一个人的自我评价总是容易出错，除非你有过人的洞察力。如果你一边点头一边说“这不就是在说我嘛”，那么请你重新阅读前两段。

还好我们可以向他人求助。事实证明，人们很擅长评估他人的优点。我和朱莉娅·李、丹·凯布尔、吉诺针对这一点做了市场调研和实验室研究。[14] 我们对一家全球咨询公司的新员工入职流程做了调查。这家公司每年在全球范围内招聘数千名员工。我们想了解优势辨识如何改变员工与公司的关系，因此我们将 1400 名工人随机分配到以下三组：第一组是对照组，员工经历为期两天的正常入职流程；第二组，我们花了一小时来鼓励员工挖掘自己的优势——先让他们观看了一段关于优势的短片，与训练有素的辅导员讨论优势这个概念，然后反思自己的个人优势；第三组，员工需要在他们的社交网络上求助，请其他人向研究人员提供反馈，通过求助最了解他们的人来深入了解自己的优势。在我们完成反馈并将意见收集好之后，我们通过报告的形式与每位员工分享反馈意见。

之后我们对所有参与研究的人员进行了为期一年的跟踪调查。我们发现，在很多衡量标准上，对照组成员和仅仅对优势进行挖掘的第二小组成员在如何看待公司和他们自己的表现上没有太大差异。但是，从外界获得自身优势信息的第三组成员表现出明显的不同。他们很少有人称自己在工作中感到倦怠，也很少有人表示想要离职，反馈较多的是称与公司关系紧密。来自外界的意见有助于我们更准确地识别自己的优势，并从中受益。

在受控实验室环境中，我们使用三个类似的条件对实验再次进行分析：一个对照组，一个让被试自主判定优势的实验组，以及一个从外界力量中获得优势反馈的实验组。在经过优势练习之后，我们让他们每人准备一个三分钟的分享，说说为什么他们应该得到这份梦寐以求的工作，由两位评估者评判分享的质量。与我们在咨询公司的实地研究一样，我们发现接收到反馈信息的实验组员工的表现，其统计结果更有可能超越其他两组。

如何从优势中学习

从优势中学习的第一个步骤是先明确自己的优势是什么。仅凭一己之力做到这一点非常难，但是其他人可以帮助你有效洞悉你的才能。有一个方法可以助你一臂之力，即“最佳自我反思练习”（the Reflected Best Self Exercise）。这个方法最初是由密歇根大学的研究人员开发出来的。[15] 你需要列一个名单，确定 10 ～ 15 个很了解你的人。名单的范围越广，效果越好，所以尽可能扩大范围。你可以在名单里写上你的现任上司或同事，但也要包含前同事、老朋友、大学室友、家庭成员、指导过你的教授，以及其他你认为对你的优点有独到见解的人。多花点时间，让你的名单尽可能完整，因为前期工作做得越多，后期得到的益处就越多。密歇根州的积极组织中心（Center for Positive Organizations）可以帮你联系名单上的人以及完成后面的流程。[16] 你也可以自己与反馈提供者取得联系，请他们列举两三个见证你处于最佳状态且完成了对他们来讲意义重大的工作的例子。

邀请外界力量为你执行反馈流程的一个好处是，可以整合反馈信息并排除任何与目标不符的叙述。有时反馈提供者没有完全遵循要求进行反馈，提出的反而是你可以改进的地方。如果是由你进行联络工作，那么最好请一位朋友来做反馈汇总。等完整的反馈结果出来后，留出一整段时间，找一个可以独处的地方静心阅读。阅读这些反馈可能会让你很受触动。透过字里行间的描述，你能看到你给那些最了解你的人带来了什么积极影响。

这些反馈可以是一些家长里短的过往故事。如果要给我的母亲写一则反馈，那么我会写她的坚韧，并且作为例证，我会写小时候她带我从奥斯汀奔赴圣安东尼奥参加游泳比赛的故事：因为路面结冰，其他学员都放弃了比赛，但是我们依然执着地前行，只因为她知道我特别想通过这次比赛获得参加州冠军赛的资格。当我比赛失利时，我又看到她对我深沉的关爱。她鼓励我抓住最后一次机会。我照做了，并且成功了。

有些反馈或许是你早已忘却的事情，甚至是你并没有在意但是对你周围的人产生了很大影响的事。例如，如果要写一个有关我妻子的故事，那么我可能会谈谈她的热情和包容。她还在念大学时，为一门乡村舞课做过助教。我记得她在舞蹈教室里翩翩起舞，还时不时来回穿梭指导，让每一位学生都觉得自己跳得不错，只要稍微再努力一点就可以成为一个优秀的舞者。至于她对我的舞蹈潜能所做评价是否准确，我持怀疑态度，但是她却如此全心全意地相信我，就像她对待遇到的每一个人一样，让我觉得如果我做不好就是辜负了她——我可不想这样做。

阅读这些反馈或许还会让你潸然泪下，但是擦干了眼泪，更重要的是抓住重点，解锁优势。仔细考量一下这些故事背后体现出来的优势能力，要特别注重能突出你独特价值的能力，以及你在发挥哪些能力的时候最享受。然后思考一下怎样在工作中更多地发挥这些能力。

制订行动计划也很重要。反思你的优势可以让你产生良好的自我感觉，但是不要让这种感觉只是昙花一现。如果你能制订出让你的优势充分发挥作用的具体计划，那么无论是在工作中还是家庭志愿者组织中，你的优势都将更有可能发挥可持续的效力，也能让你在所有这些领域中都拥有一定的控制权。例如，研究人员与谷歌合作，利用“工作重塑练习”（Job Crafting Exercise）这一方法，研究确立优势然后制订行动计划产生的影响有多大。他们发现，在6周后的同行评价中，参与练习的员工评估结果为更快乐、更高效。[17] 如果你找不到在工作中更多地发挥优势的方法，那么可以考虑参与到能够发挥自己优势的志愿工作中，或通过其他方式运用自己的才能。你会获得更多的学习机会，其中的收获也会浸润你生活的方方面面。

从优势中学习的第二个步骤是仔细研究你的弱点。特里·希尔的订单赢得理论的另一个组成部分在这里也是适用的，那就是“订单资格要素”（order qualifiers）。订单资格要素是实现成功销售的必要但不充分条件[18]，相当于在纸牌游戏中押的底注。如果你没有押注，那么只有看的份儿。但是即使你押注了，也要费更多功夫才有可能把台面上所有的钱赢回来。

那么，订单资格要素如何帮助我们看清弱点？我们的确无法做到事事擅长，但这也不意味着我们可以一股脑地忽视所有的弱点。那么哪些弱点应该引起注意呢？那就是那些相当于“订单资格要素”的弱点，即关键弱点。在风投公司工作期间，我逐渐意识到这份工作对我来说不适合长期做，但这段经历帮助我明确了我的优势所在。通过我的工作经历以及我和亲友、导师的多次对话，我开始意识到我的优势在于我有好奇心，我能看到不同因素之间的联系，有很强的问题解决能力以及善于与有才能的人协作。而投身商业学术界才能让我充分利用这些优势。[19] 所以我决定申请攻读博士学位，但这样做的意义不仅是为了进一步发挥我的优势，也是为了明确我的“订单资格要素”，即阻碍我实现更大目标的关键弱点。例如，我对如何分析大型数据集以找到计量经济分析模式知之甚少，如今依然算不上是我的强项，我也没能开创新的研究方法供其他研究者使用，但我有幸与罗布·哈克曼（Rob Huckman）等杰出同事共事，也修习了很多经济学课程，掌握了计量经济学运算的方法，从而可以最大化地发挥出我在学习和差异化分析上的优势。

> **换句话说，思考自己有哪些弱势——这是有助于发挥优势的，然后去克服这些弱势。**

从优势中学习的第三个步骤是需要认识到，过度自信可能将优势转化为弱势。公认的毒理学奠基人、瑞士裔德国哲学家帕拉塞尔苏斯（Paracelsus）曾写道：“所有物质都有毒性；不存在没有任何毒性的物质。而是毒是药，完全取决于剂量。”[20] 这一观点有时被提炼为“剂量决定毒性”，是一个极其重要的见解。[21] 即使是好东西，一旦过量也让人无福消受。只需要随便把一桶冰激凌放到一个人面前，就可以很容易地观察到这个现象。我们必须小心谨慎，不要因为被优势所蒙蔽而要么变得傲慢，要么忽视我们周围的重要信号。

例如在一项研究中，我和迪沃斯·KC、吉诺研究了美国食品药品监督管理局关于药物洗脱支架的负面新闻是如何影响心脏病专家随后为患者选择支架的。[22] 我们发现那些在使用药物洗脱支架上经验丰富的医生更有可能忽略 FDA 的建议。由于我们无法确定医生的这种选择是否合适，我们进行了多项实验室研究，数据表明他们的选择不合适。研究结果表明，当一个人拥有更丰富的专业知识时，他惯用的方法可能效果更差。

我现在意识到，我永远学不会通过打电话和别的类似方式进行产品推销。我可以通过努力把这类工作做得勉强过得去，但这并不是我的优势或热情所在。而我非常擅长“巧妙利用人际关系”并乐在其中，即真正去了解一个人，弄清楚我们可以通过什么样的方式合作共事。只需给我一些时间，我就能够理解他人的观点，并提出创造性的方法来满足他们的需求，同时满足我自己的需求。这一优势对我来说是一个关键的成功因素，因为它让我能够与学界同仁和一些公司合作开展研究和咨询项目。我希望你能比我更快地找到自己的优势。不过，无论这个过程是快还是慢，通过专注于自己的优势，解决关键弱点，并确保有效地利用优势，你都能提升自己的学习能力。

7/8

T 型人才是未来趋势

学习不仅可以获得思考的能力，还可以获得思考各种事物所需的众多专业能力。

——

列夫·维果茨基[1]

2003年，著名电影制片人埃罗尔·莫里斯（Errol Morris）发行了纪录片《战争迷雾》（*The Fog of War*），片中对罗伯特·麦克纳马拉（Robert McNamara）进行了系列采访。在肯尼迪与约翰逊执政期间，麦克纳马拉是美国越南战争计划的缔造者。这部片子展示了很多历史镜头，穿插着麦克纳马拉对战争带来的沉痛教训的反思，生动刻画了一个努力从眼前众多困境中学习的人物形象。

专业知识是引导成功的必要条件，但这往往不够。当我们过于专业时，我们只会看到我们愿意相信的事物，而非真正存在的事物。追求高度专业化是学习的一种方法，但同时也会限制我们对新事物的理解。因此，在学习过程中，必须将专业化与多样性结合起来。

为什么专业化与多样性能促进学习

在思考专业化与多样性的综合价值前，让我们看看它们各自对学习的作用。早在1776年，亚当·斯密在其著作中已经提出了单个任务能带来全局进步的观念。[2]随着工业革命席卷全球并创造了比以往规模更大更复杂的业务版块，这种观念的重要性日趋凸显。专业化可以激活我们所知的最强学习力：学习曲线（the learning curve）。

积累经验可以提升学习表现，即使是以缓慢的速度积累也是如此。随着我们不断重复执行同样的任务，我们的表现会逐渐变得更好。学习曲线适用于除速度之外的度量，如质量、成本、客户满意度，还适用于团队、组织以及个体。[3]

我们可以进一步分析这个概念。研究学习的知名学者迈克尔·拉普勒（Michael Lapre）向我介绍了一项分析型研究，研究结果表明，学习曲线实际上包含了多条小曲线。[4]将这个发现与我在经验方面所做的研究结合起来让我明白，任务经验具有多维性。执行一项任务，如做心脏手术或接听客服电话，都会使用很多不同的经验。例如，接听客服电话的人不仅需要了解特定产品，还需要了解不同类型的客户需求，以及如何应对客户在电话中受理成功或未受理成功的情况，诸如此类。在我与乔纳森·克拉克（Jonathan Clark）、罗布·哈克曼开展的研究中，我们发现，放射科医师在完成手术后会感到学有所得，但当他们的经历被细化到不同的分支，如解剖领域（解剖膝盖）、技术方面的应用（X光或功能性磁共振成像技术）或客户服务（如医院）时，他们的理解得到了深化。[5]这其中的每一种情况都是可以归入总体曲线的小型学习曲线。

发挥多样性也会改变我们的认知并激励我们学习。当做多样但较为相关的任务时，我们的认知会从一个领域迁移至另一个领域，这就是我们常说的“跨领域认知转移”。

作为计算机科学、心理学、政治学与行政管理学方面的教授，赫伯特·西蒙（Herbert Simon）的职业生涯为我们树立了典范。他开创性的观点促进了多个学术领域的形成，从经济学到社会学，再到技术领域，无不如此。他之所以能拥有如此成就，是因为他能够运用一个领域的观点来获取对另一个领域的全新见解。

西蒙将他的政治学与经济学培训课程结合起来，久而久之形成了企业的行为理论，最终证明了人类具有“有限理性”（boundedly rationality），意思是人们总是会试图利用有限的信息制定最佳的决策。[6]由于认识到“个体是理性且全知的利益最大化者”这个经济学设想是错误的，西蒙对经济学领域进行了重建，因此他在1978年被授予诺贝尔经济学奖。

对跨领域知识的多样性运用贯穿了西蒙的一生。在继续研究人类决策行为的过程中，他意识到，计算机是一种强大的工具，可用于模拟决策过程的运作方式。他认为计算机或许真可以取代人类进行自主决策，这使他成为一名计算机科学教授，并成为人工智能领域的奠基人。

如同西蒙一样，你可以用新颖的方式来解决问题。当你认识到，针对某种情境的解决对策也可以用来处理不同情境下的问题，你会发现别人尚未发现的联系。[7]哈佛商学院教授卡里姆·拉哈尼（Karim Lakhani）对“广播式搜索”（broadcast search）进行了研究，广播式搜索是指广泛地分担难题有助于在意料之外的领域发现全新的方案。例如，蛋白质检晶员可能会在医药企业碰到毒理挑战，然后运用他所在领域的方法来制定解决方案。[8]

鉴于大多数的创新来自对旧观点的重新联结，当我们可以调用多种观点时，我们的学习也会随之取得进步，这一点不足为奇。[9]

发挥多样性也许会使你的学习速度放缓，但终究是有益处的，尤其是在你慢下来的时候，它显得格外有用。我与同事雷利·德夫勒－罗津（Rellie Derfler-Rozin）、西利娅·穆尔（Celia Moore）对这个观点进行了研究。[10] 我们对“顺序多样化”（sequential variety）是否会产生更为合理的决策饶有兴趣。假定你需要分三次完成任务 A、B 和 C，你可以用最快的速度一次性全部完成它们——AAA、BBB、CCC，或对它们进行交叉处理——ABC、ABC、ABC。我们的假设如下：后一种方法的速度较慢，但它能让你调动缓慢、有意识且受控的信息处理系统，而非急速、下意识和自动的信息处理系统。较慢的处理速度可使你考虑周全，且不会违反规则。

研究结果强有力地证实了我们的假设。运用多样性让我们放缓学习速度，从而可以认真去做我们本应该做的事。这个启示价值斐然，因为它不仅可以用来避免违反规则，还可用于学习。多样性可使你从自动模式中切换出来，从而让你看清周围所发生的事情，在学习时做出有意识的选择。

多样性对学习还有一个好处：它有激励作用。投身于不同的活动有助于克服无聊。通过研究学习曲线，管理者们可以找到更有效的方法，并重复运用。随着员工逐渐跟上不同活动的工作节奏，这种关注可以促使他们学习；但是随着他们重复地执行同样的任务，他们的学习速度放缓，然后停滞。甚至，如果忽视了已经学到的知识，就有可能退步。专业化的理论优势通常并不会转化成实际的收益。管理者和其他知识工作者们必须在重复性的任务中与认知损失进行抗争。[11]

克服这种挑战的一种方法是赋予活动多样性。汽车装配线上的工人可在座位安装工序与车身冲压工作之间进行切换，放射科医生可从使用计算机断层扫描（CT）转至X光扫描。

> **在同时处理多种任务时，我们会受到激发，不会因困倦而变得怠惰。持续的激励使我们更有可能坚持学习。**

从专业化与多样性中进行学习的挑战

究竟是选择专业化还是选择多样性，就像是选花生酱还是选巧克力一样：它们各自味道都不错，合在一起也是美味。

让我们回到专业化和多样性的问题上，为何不能单选其中一个呢？专业化是一种有力的工具，但是重复做同一件事难免会使人厌倦。失去焦点会使我们无意错过或主动忽视进步的时机。此外，若我们狭隘地看待经验，这无异于为我们自己设限。我们对某个领域越是不断深入钻研，越是会坚定地认为这个世界是按照某种特定的方式运转的。多年来，我在自己的墙上贴着法国作家阿兰①的语录：

> **当你只有一种思路的时候，那么没有什么比这种思路更危险。**

---

① 阿兰，法国哲学家、教育家、散文家，原名埃米尔·沙尔捷（Emile Chartier），以笔名阿兰闻名于世。——编者注

通俗地说就是，当你有一把锤子的时候，所有问题看起来都像钉子。虽然遇到了新的情况，却因为我们深信旧道理照样适用，所以未能从中有所收获。我也多次在我自己的领域里遇到同样的挑战。身为专业学者，我们都有各自的专业知识领域，因此我们运用惯常的方法来应对每种情形，而非加以改善或发明全新的方法，就比如学习。

专业化也会有局限性，因为如果事情发生变化，我们的经验便不再适用。专家们不会将新信息解读为需要他们改变个人认知的情形，反而会固执己见，这种现象被称为“投入升级”（escalation of commitment）。

// 解构学习

投入升级

投入升级是指虽然一个人明白他为何不该一条路走到黑，但他依旧会沿着老路继续往下走。[12] 那些自我感觉像专家的人更有可能升级他们的投入，例如继续投资一个失败的项目，而事实是投资人理应转向更好的选择。[13] 当不可预料的新事物产生时，专家们必须去直面一种可能性：他们对事物的认知也可能是不正确的。此时，多样性便能帮上忙。

//

罗伯特·斯科特（Robert Scott）曾梦想成为抵达南极点的第一人，他的不幸经历证明了投入升级这种现象。1910年，斯科特第二次出发，试图抵达南极点。他上一次失败的冒险尝试是在 1902 年，到达了距南极点仅几百千米的位置，当时他就下定决心要再次尝试。1909 年欧内斯特·沙克尔顿（Ernest Shackleton）的探险失败，斯科特更加坚定了再次挑战的决心。在耗时 8 年的准备和实践后，斯科特在他的日志中写道："我很确信，这一次，我的经验一定能带领我们圆满完成挑战。"[14]

在抵达探险队的出发点罗斯冰架（Ross Ice Shelf）后，斯科特和他的团队开始向着南极点出发。随后他们得知，挪威探险家罗阿尔德·阿蒙森（Roald Amundsen）也在向着南极点前进，并且他还有抢先一步抵达的巨大优势。此外，斯科特使用矮种马而非犬类作为运输工具，但矮种马很难适应极地气候。由于斯科特的团队将主要补给站定位错误，探险的难度大幅度增加。

斯科特选择了硬着头皮前行，而非从这些错误中吸取教训。最终他和探险团队的 5 名队员晚于阿蒙森 5 周抵达南极点。斯科特及探险队在返程途中遭遇了极强的寒冷低温天气。在距离下一个补给站仅十几千米的地方，斯科特和他的队员先后遇难。俗语有云："身处困境，就不要让自己越陷越深。"但专家们常常连这一点都做不到。

过于关注多样性，则无法深入全面地理解正在发生的事，并有可能漏掉重要的细节。跨越不同的领域可使我们看到相关的联系，但这需要我们有足够深刻的见解，能将这些联系识别出来。

过于关注多样性也可能限制学习的基本过程。人脑是一台了不起的存储设备，但若不善用学到的知识，你就会忘记它们（或至少会忘记一部分）。随着经历的不断累积，当你再次致力于曾经的某项任务时，你可能需要重新学习相关的知识。迪沃斯·KC 和我研究了心胸外科医生的手术数据[15]，通过分析我们发现，当医生累积了多场手术的经验时，患者的术后存活率有所提升。但是，当下次手术间隔一段时间后，医生们的工作表现又退步了，因为他们忘掉了一部分知识。

过于关注多样性带来的另一个问题是多任务处理的挑战，即短时间内在多种活动间转换。我们乐于将大脑想象成电脑，可以同时执行多重任务，但很遗憾，事实并非如此。大脑是按顺序处理任务的。当你在同时做两件事时，实际上你是先处理一件事，然后再转向另一件事，最后才又回到第一件事上面。

将大脑比作电脑并不恰当，大脑更像是生产转换器。想象一下，在制造一种零件前，操作员先输入正确的参数，然后转换器会根据参数来生产所需的零件。若要制造不同的零件，操作员必须对机器进行重置。这种工作模式不仅适用于机器，也适用于大脑。当同时处理多种任务时，大脑的转换存在三种影响。[16]第一，当你转向新的任务时，你的大脑往你的记忆中载入必要的知识。[17]在多种任务间转换会使你的大脑超载，从而影响学习效果。[18]第二，若需运用认知资源，大脑既要载入新的任务，还要抑制旧的任务。[19]第三，频繁转换会增加大脑的压力，从而降低工作效率。[20]这些影响都会限制你的学习能力。

我与弗朗西斯卡·吉诺对频繁转换大脑的影响展开了调查。[21]我们研究了一家日本银行的抵押贷款数据录入员在多重任务转换中的学习效果。参与者坐在装有两台显示屏的电脑前，一台显示的是一名潜在借款人的申请，另一台显示的是数据录入栏。在他们完成一项任务后，下一项任务便会很快出现在显示屏上。我们发现，虽然转换任务没有物质成本，但精神成本却很高昂。[22]在一天当中，随着参与者不断地进行任务转换，他们的效率越来越低了。换言之，他们的学习能力受到了束缚。

如何从专业化与多样性中学习

专心致志的学习者需要将专业化与多样性结合起来加以利用，但是如何做到呢？维尔福集团（Valve Corporation）提供了生动的示例。

维尔福是一家一流的电脑游戏开发商，其产品包括《半条命》（*Half-Life*）、《反恐精英》（*Counter-Strike*）、《军团要塞》（*Team Fortress*）与《传送门》（*Portal*）。此外，维尔福还运营着一个名为Steam的游戏平台，用于其自产电脑游戏和外来电脑游戏的分销。据估算，2017年3月，超过4 000万的用户在Steam平台上玩游戏，平台活跃用户超过2.2亿人次，创造了价值几十亿美元的收益。

加布·纽维尔（Gabe Newell）在1996年与人联合创办了维尔福。[23]在此之前，他在微软工作了13年，担任前三版Windows操作系统的制作人。在微软工作期间，纽维尔曾了解到，Windows操作系统其实是用户个人电脑中第二受欢迎的软件。最受欢迎的软件是一款名叫《毁灭战士》（*Doom*）的电脑游戏，这是一款第一人称的射击游戏，由来自得克萨斯州梅斯基特市（Mesquite）的小团队开发而成。因此他认为，电脑游戏才是未来的出路，因为这些游戏将技术创新与娱乐进行了结合，实现了沉浸式体验。到20世纪90年代中期，纽维尔积攒了足够的财富，可以去做他想做的事了，也就是与热衷创造产品的有趣人士合创一家公司，为更多人带来积极影响。于是他创立了维尔福——一家吸引最佳人才、留住并拓展此类人才，还能与客户保持紧密联系的企业。作为纽维尔工作方法中的一个要素，维尔福不会预先告知员工应该做什么工作，公司期望员工们去发现创造价值的方式，并投身于相应的活动。

维尔福的扁平化管理结构为员工创造了极大的自由，让员工可以自由发挥创造力并学习。那么什么样的人才符合维尔福的需求呢？2012年时，维尔福的员工手册曾在市面上广为流传，随后不久，伊桑·伯恩斯坦（Ethan Bernstein）、吉诺和我一同对维尔福进行了研究，希望理解该公司的模式。维尔福的员工手册上写道："在维尔福，最成功的人士既是技艺高超的多面手，又是细分学科内的世界级专家。"[24] 这也就是我们通常所称的T型人才。手册上还写道："通常情况下，我们必须放弃没有专业知识的通才，他们最终会被边缘化，作为个体实际上也做不了什么贡献；反之，一个过于狭隘的专家在与人协作方面会有困难，也不是我们所需要的。"[25]

尽管维尔福需要充满好奇心、乐意跨越并能够跨越不同领域的人才，但所招之人如果缺乏足够的深度，便无法在不同领域间转换时建立联系，或是因为忽略了差异而使得到的方案虽然适用于一个领域，但在另一个领域中方枘圆凿。

如何才能使自己成为T型人才呢？记住第6章中对优势的探讨，思考一下如何将你的T字长度与你热爱并擅长的事物结合起来。即使热爱的事与擅长的事并不吻合，你仍能投身于热爱的活动，从而增加你的T字宽度。

回到日本银行的案例上来，看看把专业化与多样性结合起来会有何效果。在一天当中，任务切换致使学习效率降低，因而在短期内保持专业化是有益的。但我们发现，从长期来看，从事多样化的工作有利于提升抵押贷款数据录入人员的学习效果。这种情形给我们的启示显而易见：短期内保持专业化，但要随着时间推移进行转变。思考一下你的T字：你专攻的方向是什么？什么时候可以发挥专业性？你所拓展的技能是什么？什么时候可以派上用场？

想要利用好专业化与多样性，你得先明白，成功取决于经验的组合。为了说明个中道理，我们来看看美国内阁秘书斯隆·吉布森（Sloan Gibson）的例子。

吉布森曾在美国军队服过役，退役后进入了金融行业，最终成为《财富》500强银行之一的美国南方银行（AmSouth Bancorporation）的董事长与首席财务官。2008年，吉布森从美国南方银行退休，随后担任了劳军联合组织（USO）的董事长与首席执行官，该组织旨在为服役人员及其家属提供服务。2014年，吉布森受邀成为退伍军人事务部副部长。

然而，吉布森在退伍军人事务部副部长一职上干得有些吃力。在领导力、变革工作、客户服务以及与退伍军人共事方面，他拥有深入的专业知识，但在医疗服务方面却没有任何经验。在回顾自己的经历时，他曾说："如果有一条能贯穿我职业生涯的线的话，那就是我总是接到任务，去收拾残局。”[26]他还特别指出，这种收拾残局的工作需要一些技巧。你不能继续用老方法，也不能照搬在其他地方看到的做法；你必须了解当前错综复杂的情形，才可以精心制订一套新方案，将工作向前推进。

在吉布森与退伍军人事务部高层团队起初的会面中，他看出自己对部门活动的了解方法与他人不同。在试图了解事务部面临何种挑战的过程中，他提出的问题明显比常规的更为深刻。他在工作中经常与比自己级别低很多的人会面，这是一种在过去闻所未闻的做法，目的是了解凌乱且真实的细节，而不是去了解别人认为他想听到的美化过的情节。一开始他就说，或许他“对混乱的容忍度”比部门其他人都要高。然而，他的这种容忍度不久后便受到了考验。

2014 年 2 月，来自退伍军人事务部的一名程序分析员向联邦部门监察长提出了申诉，控诉事务部服务系统的工作人员在录入预约信息时，为了完成 14 天的计划指标而伪造记录，有时还会删除记录。除了会给无法得到急需护理的退伍军人造成不良医疗后果之外，这种模糊处理的方式还会限制其学习与进步的能力。退伍军人事务部对此事展开了一次全面调查。监察长获取了指证这些不法行为的大量证据，因此事务部包括部长在内的 14 名高层领导人被撤职。[27]

随后，宝洁公司前首席执行官罗伯特·麦克唐纳（Robert McDonald）出任退伍军人事务部部长。麦克唐纳与吉布森的使命是对退伍军人事务部进行改革。在事务部的短期就职期间，吉布森已意识到改革面临着一项主要挑战。正如事务部的办公室主任罗伯特·斯奈德（Robert Snyder）解释的那样，前部长“有军队背景，他赞成集中式规划和分散化执行，认为下属会尽力告诉他真相……他指望下属坦诚相告，但事与愿违，下属通常告诉他的是‘他们认为’他想听的”。[28] 前部长对退伍军人事务部采取了军事化管理，这正是前部长所擅长的。然而正如我们所看到的那样，专业知识也会使人盲目。一个人进入新的环境时，需要学习和适应。吉布森与麦克唐纳拥有的经验不同，这使他们在学习和应对退伍军人事务部面临的许多难题前有了准备。

为了弄清形势，吉布森与麦克唐纳开始了倾听之旅。吉布森说：“在部队里，我学到了一句口头禅，叫‘听着枪声随机应变’。在我的职业生涯中，当问题出现时，我会直面问题，去了解并解决这些问题。如果我不去做，谁会去做？”[29] 在了解到问题后，吉布森与麦克唐纳都会立即采取行动，纠正暴露的问题。吉布森强调：“我们所做的一部分工作是通过主导和指明可行的变革措施来树立良好的领导形象。”倾听之旅旨在与不同的利益相关群体互动，有些是来自退伍军人事务部的内部人员，还有些则是退伍军人以及直言不讳的批评人士。吉布森细说道：“我们不仅在努力厘清问题和很多看法，还传达了关于解决问题、赞扬退伍军人事务部的很多积极行动以及行动具体细节的有力信息。这一切都是为了体现真实可靠，重建信任。”作为行动的一部分，麦克唐纳与吉布森发起了一项为期90天的“退伍军人日之路”（The Road to Veteran’s Day）计划，并启动了一系列措施，包括为一项重建信任的方案制订提升计划、改善服务与打下长期的基础。

所有这些努力不仅为纳税人提供价值，而且让他们知道事务部是如何为退伍军人提供优质健康护理的。吉布森的主要见解为：“作为一所医疗保健机构，退伍军人事务部拥有两大战略资产——我们的规模与覆盖范围。想象一下，如果我们可以设计出上百个最可行的服务流程，利用它们产生极好的医疗服务效果，那么这些流程会是怎样的呢？再想象一下，我们从这上百种服务中甄选出最佳的方法，然后将其运用到整个事务部中，又会产生什么样的效果呢？”[30] 事务部的高层团队对此见解做了拓展。

两年半时间匆匆过去，麦克唐纳、吉布森和他们的团队未能完成对退伍军人事务部的变革，但在2017年他们辞职时，随着管理层的变更，事务部已步入正轨。他们已对超过15万名的员工进行了新方法的培训，增招超过10%的员工来处理来访与服务质量问题。现在，整个系统都开放了当日患者的访问权限；服务质量有所提升（就96%的门诊服务措施而言，退伍军人事务部比私营部门表现更佳）；未决索赔量减少了90%。此外，即使在改善空间有限的情况下，退伍军人事务部的满意度得分也实现了大幅增长。

掌握专业化与多样性的综合益处可带来有效的学习体验。纵观吉布森在退伍军人事务部任职期间的工作，以及他先前的职业经历可知，吉布森构建了他自己的经验组合。对你来说，哪些经验是紧密相关的？你可以执行什么任务？你需要开发的技能是什么？你所服务的客户是谁？实际上，每项任务都像是一个经验文件包。理解这些不同经验，可使学习与进步变得可能。

尝试新事物可带来有趣的见解。[31] 但随着时间的推移，要留心多个事物之间究竟有什么不同。研究表明，不相关的经验会妨碍学习。[32] 因此，请尝试将那些有深层关系的活动联结起来，在当前和未来的职业生涯中，思考你可以构建的经验组合，让它们帮助你学习。

最后，综合利用专业化与多样性可让我们拥有新手视角，这是一种强大的学习技巧。因为我们往往不记得要学的东西有多难，这给我们获取专业知识带来了挑战。[33] 选择性记忆可以在某些方面为我们提供帮助，让我们愿意去了解那些可能较难的新事物，而不是立马放弃。但是它也会使我们对那些与我们认知不同的人缺乏感同身受的理解。当我们以全新的视角看待问题时，我们会意识到自身一直以来所面临的挑战。正如吉布森所说："我认为，卓越领导者的一项关键品质是谦卑。正是这种品质使他们保持开明，从他人身上学到知识。"

将专业化与多样性结合起来，有助于你将自己调回初学者的模式。首先，别忘了顺序多样化的力量。有些时候，为了能走得更快，你可能需要先慢下来。当你改变所做事情的顺序时，你能更加留意到每一件事，并找到提升之法。其次，有意尝试采取新手视角，尤其是在你已熟悉的领域。再次，反思自己不擅长的活动，思考令你挣扎的事物。记住在你所处的专业领域内，一开始让你苦苦挣扎的东西是什么，同时留意其他人，包括同事、客户或竞争对手，看看令他们挣扎的对象是何物。[34] 这些或许会为你带来全新见解，促使你取得进步。

专业化与多样性都是有效的学习工具，但它们各自都有潜在的缺点。与其将它们视为非此即彼的选择，不如将它们结合起来加以利用，为你的学习助力加油。

8

8

学习不仅仅是自己的事

没有人会无知到让我从他身上学不到任何东西，我从未遇到过这样的人。

——

伽利略

作为一名研究人员，我的主要研究领域之一是团队熟悉度，即团队成员过去的合作经历是如何提升团队工作效果的。当然，我一开始并没有计划进入这个领域，但我却无意之中走入了这个世界。2005年初，我遇见了我的导师戴维·厄普顿，他问我夏天愿不愿意去印度班加罗尔待两个星期，了解维布络公司是如何将丰田生产方式的各项原则运用于软件服务领域的。那会儿我不清楚去的话会有什么收获，但面对这样一个机会，我知道应该怎样回复导师的邀请，那就是回答："愿意。"

在印度的那两个星期我忙忙碌碌，日子过得风风火火。一般情况下，我都是早上7点就离开酒店，大概到晚上9点才回来。我穿梭于各种会议，参加完一场又接着赶赴下一场。与会的人有高管，有项目经理，有团队成员，还有质量经理等。

会上我们讨论的议题是"精益"努力，但从根本上看，我们讨论的是个体和团队怎样学会创造价值的问题。这些会议的召开为后续的研究项目——过程的重要性、如何面对失败、怎样发问、怎样构建恰当的专业知识组合等埋下了种子。然而那时，我的脑子里还不停涌现另外一种想法：虽然不断从某种技术或某个行业积累经验很重要，但团队成员之间不断互动，也同样具有重要的意义。与同一批团队成员共事，会让个体感到自己学到了东西，其工作表现也会大大提高。

这一想法成为我在哈佛大学博士论文的核心思想。[1] 我把整个维布络三年的数据看了个遍，收集了涉及上千个项目以及数以万计雇员的资料，汇总了无数细节信息，并分析研究。研究发现：曾经共事过的团队准时完结项目的可能性大大高于未曾共事过的团队，完结质量也更高。具有共事经验的团队，其预算偏差会降低 30%，预算赤字也会减少 19%。

多年后，在亚里士多德计划（Project Aristotle）① 进行期间，谷歌公司发现，团队杰出的表现、出色的学习效果和创新意识，更多是源于团队成员之间的互动和曾经共事的经验，而非个体以往的工作技能。

如果仅讨论我们自己的学习策略，那就忽视了他人在我们通往成功之路的学习过程中发挥的重要作用。无论最后能否成功，那些与我们互动的人，都是我们学习道路上不可或缺的存在。

为什么他人会激励我们学习

他人会影响我们的学习动力、学习过程和所学到的知识。

---

① 起这样一个名称是由于亚里士多德的名言："整体要大于各个部分的总和。"

首先，他人可以激发我们学习的动力。传统上，我们将学习动力分为两种：内在动力（带来内在收益）和外在动力（带来外在收益）。[2] 早期的研究认为，恶劣的人际关系会让人感到不满，且无法产生任何激励。[3] 举例来说，如果你跟你的老板关系很差，那么你有可能会因此离职。

而良好的人际关系能够提升我们的健康水平，延年益寿。例如，产生社会支持的人际关系让人不容易感到痛苦，也不需要药物治疗。[4] 不仅如此，我们与他人的关系还能够产生被今天心理学家们称为"亲社会动机"（prosocial motivation）的心理动机，这种动机让我们渴望帮助和鼓励他人。[5]

沃顿商学院教授亚当·格兰特（Adam Grant）及其同事做过这样一项实验。实验的对象是在某大学募捐呼叫中心工作的大学生。[6] 实验很简单：被试收到一封学生来信，信中表达了对募捐者所做工作的感激，并大力赞扬了他们的工作对提升大学生活体验所起到的作用。相比于其他人，收到来信的被试不仅多筹集到 1.7 倍的资金，花在接听募捐电话上的时间也增加了 1.42 倍。与捐款受益人之间的这样一点小小的联系，就激发出了被试更出色的工作结果和更强大的工作动力。

我和保罗·格林、弗朗西斯卡·吉诺对更亲密的人际关系所带来的影响很感兴趣。如果我们的考虑对象不是终端用户而是一起共事的同事，那会发生什么？为了解答这个问题，我们与一家农业综合营业公司开展了合作，针对其前端的收割操作进行了实验。我们按照 3 种情形将收割操作人员随机分为 3 组。

- 外部受益人组，收割工作的受益人来自公司以外。

- 内部受益人组，受益人来自公司内部。
- 控制组。

我们让前两组被试观看了一个视频，内容是客户或公司员工对受试人员的辛勤工作表示感谢。随着时间的推移，我们观察这三组人员的收割产量是否有所提高。结果我们发现，内部受益人组的表现要好于其他两组。更进一步的实验表明，工作表现的提高，实际上是受到了人际关系激励的结果。

为什么世界各国军队的基本训练，其重心都在于培养集体荣誉感？因为当我们意识到自己是其他人的依靠时，我们就会坚持不懈地学习和进步。2009 年，斯坦利 · 麦克里斯特尔（Stanley McChrystal）将军在担任联合特种作战司令部司令时，看到了将各部门组成团队带来的巨大好处，这种组织方式打破了美国军队的组织传统。他曾和我谈起他的经验教训。当时他说，他努力让各部门组成团队，这样士兵们就能够更好地适应新环境，克服困难，并从困境中学到东西。[7] 当我们在前进的路上遇到路障，不确定是否能够继续前行时，我们和周围同伴的关系给我们以力量和支持。这种动力的来源，在学习过程中有重要的意义。

其次，他人可能掌握了对我们来说很有价值的知识。在这里我提一个人，他是我见过的最聪明的人，他的例子可以极好地说明向他人学习的好处。他叫詹姆斯，我们曾在一起做过研究工作。在与他合作的过程中，我发现他经常与新来的各色人员相互学习——这些人从表面上看都没什么值得学习的地方，他们工作普普通通、默默无闻。这引起了我的好奇。后来，我终于没忍住开口问他："你不管走到哪儿都是绝顶聪明的，干吗还要向别人学习呢？"他告诉我说："不管你和谁聊什么，与你聊天的那个人总会知道些你不知道的东西。而你的目的，就是设法弄清楚这些东西是什么，并将之掌握。"

与拥有不同知识和经验的人共事，我们就有机会认识新事物。在培养团队的多样化特点时，这一点可以派上用场。[8] 个体间的差异能让个体接触到的知识量变大。例如，有研究证明，软件程序员的个人学习能力会随着经验的多样化而提升。[9] 欧洲工商管理学院的曼努埃尔·索萨（Manuel Sosa）教授调查了在一对一的关系中，哪些因素会激发人们的创造力。[10] 他在欧洲的一家软件公司里发现，当员工能与拥有不同知识的其他人有直接联系时，他们就会想出更多富有创意的点子；而如果其他人的知识与他们自己的知识比较类似，这个效果就无法达到。加拿大多伦多大学罗特曼商学院的克里斯·刘（Chris Liu）教授也得出了类似的结论。克里斯在麻省理工学院及美国国会等许多不同环境中做过实验。他发现，意外状况的出现会将个体暴露在遍布新知识的环境中，这样的话，个体就有可能学习这些新知识并用来指导自己的行动。[11] 无论你是身处团队之中还是单打独斗，如果你周围的人都是拥有宝贵知识的人，那对你的学习会很有帮助。

最后，周围其他人的存在还能帮助我们更好地处理信息。当我们与他人在一起时，我们不仅能够与他人共享信息，还可以一起合作解决问题。通过与他人建立起互动，我们既能够以新的方式整合已有的知识，又可以为已掌握的知识找到新奇的用处。我们也许可以更合理地过滤新接触的知识，或者用不一样且更高效的方法来处理现有知识。[12] 他人可以帮助我们理解此前不理解的事物，或者以不同的方式引起我们的共鸣。

我很高兴自己能够通过和别人互动将工作做到最好。单枪匹马时，我或许也能够以有趣的方式去思考。但是，如果有人能够反复不断地挑战我思考得来的想法，那么这才是对我的检验和提高。从我与他人的合作经验来看，合作最多也最为成功的时候，就是合作伙伴能够给我带来重要的新想法的时候，随之而来的往往还有全新的思考方式和看待某个境况的不同角度。在本书的写作过程当中，编辑蒂姆·沙利文（Tim Sullivan）、我的妻子还有研究伙伴们都与我有过大量的交流，并提出过宝贵的建议，这些交流和建议对我的写作产生了重大的影响。我知道，只要和他人分享自己的见解，我就一定会听到好的想法，从而加深对问题的理解。

向他人学习时的挑战

既然向他人学习能得到巨大的回报，为什么人们还是纠结挣扎，不愿行动呢？有两种原因，一是不喜欢合作，不愿意合作；二是在通往成功的路途中，我们容易忽略他人的价值。这个现象太普遍了，以至于有专门的名称——协作忽略（coordination neglect）。[13] 为了对此展开研究，我和凯蒂·米尔克曼、克雷格·福克斯（Craig Fox）一起调查了几个项目团队。[14] 这些项目团队需要完成一项小组任务，完成这项小组任务需要团队中他人的大力参与。但即便如此，在这项调查中，我们还是观察到了向他人学习的挑战。

我们重点关注了个体对团队完成不同任务所需时间的预测。例如，我们向被试展示了一个用乐高积木拼搭的人像，并问他们如果由两个人的团队来搭，那么需要多久才能搭成这个人像？如果由四个人组成的团队来搭，又需要多久？我们发现，在预测多人团队的用时时，人们倾向于关注分工劳动带来的收益。人们会理所当然地假设整个任务可以分成多个小任务，然后团队的不同成员只要做好自己的那部分工作就可以了，这样算下来，四人团队的效率就变为了两人团队的 2 倍。

协作是必需的，但这种假设的分工并不是协作应有的模样。尽管每个人都分担了一部分工作，比如搭右腿的搭右腿，安左腿的安左腿，搭手臂的搭手臂，装头装躯干的装头装躯干，等等。但要想最后完成整个人像，还得把各个部分全都拼接起来。

之后我们把实验的媒介从积木人像换成了软件项目，结果又看到了同样的效应。实验中的个体在预测软件项目的完结时间时，出现的状况与人像项目如出一辙。团队的规模越大，人们就越会低估项目完成所需要的时间。这与某个传统的行业观念不谋而合，这种行业观念在小弗雷德里克·布鲁克斯（Frederick Brooks, Jr.）的经典著作《人月神话》（*The Mythical Man-Month*）中得到了很好的体现。[15] 布鲁克斯曾供职 IBM，负责开发了 IBM/360 系统，后来还为北卡罗来纳大学教堂山分校创立了计算机科学系。他在《人月神话》中讨论了向软件项目投入大量人力会严重拖慢进度的问题，然而项目经理们陷入进度滞后的困境时，却鲜少有人能看到这点从而脱困。布鲁克斯所讨论的这一点，被称为“布鲁克斯法则”（Brooks’s Law），凡是熟悉项目管理的人没有不熟知的。“软件项目如果已经超时，那么投入更多的人力只会让它更加超时。”[16] 我们总是想着给项目带去新成员，殊不知只有各个成员开展合作，项目进程才能够加快。

这就是向他人学习的第一个挑战，我们把工作看作可以分割的任务，并认为这个任务我们可以凭一己之力完成。然而要提高效率，我们需要与他人合作，在这一点上，学习也是一样的。我们必须能够认识到并处理千丝万缕的内部联系，这样才能够真正理解我们手上复杂的工作。然而我们却常常对这些联系视而不见。

向他人学习的第二大挑战在于发现和吸收他人的见解。我们无法知晓他人所拥有的一切知识。所以如果我们没有为了获取新的知识而去求助他人，这也没什么奇怪的。我们不知道谁了解什么，也不知道该如何发问。

这一挑战一般不是单独出现的，它往往潜藏于我们同他人的互动方式中。与他人交谈的时候，我们常常倾向于关注我们和谈话人之间的共同话题，而不是仅仅自己知晓的信息。[17]想象一下你正努力了解一位新的客户，你知道这位客户有着非常雄厚的技术背景，所以你就一直围绕着技术上的细节信息来调整你的工作。我有一位同事，他与前公司的一位客户共事，所以他很了解这位前客户。当我的这位同事独自做决定时，他不仅会考虑这位前客户的技术背景，还会考虑他的价值主张。然而当我们在讨论客户时，常常把注意力全都放在客户的技术背景上，而把其价值主张搁置一旁。

出现这样的情况有两个原因。首先，我们倾向于寻找符合自己当前看法的信息。我们会问一些我们已了解的相关问题，而不会问我们不知道的。其次，我们喜欢聊一些大家都了解的话题，这种感觉很好。最后，当我们对他人告知的信息已有所了解时，当然也就能看出这些信息是否可靠。然而这也意味着我们可能永远也得不到那些未曾分享过的、可能真正有用的信息，而正是这些信息才能帮我们更高效地学习。

向他人学习的第三大挑战与人际交往有关。理论上来讲，如果周围人的知识水平与我们的不同，那么我们就可以利用他们掌握的知识来解决问题，并共同处理信息。然而，很多研究实验得出结论，这种多样性对我们的学习和工作表现具有消极的作用。[18] 周围人的知识水平与我们不同时，我们不一定能听懂他们的见解。我们自信地认为自己可以看清楚世界的全部样貌。如果把世界看作是巨大的拼图游戏，那么我们每个人仅是这个拼图游戏里一个个形状不一的图块，但很多人不会这样想。这种自以为是的偏见贯穿于我们与他人互动的全过程。正如布朗大学的社会心理学家约阿希姆·克鲁格（Joachim Krueger）所说的那样："自我意识就像是一个极权主义政府，它维护我们自身的利益意识，维护我们在社交世界的中心地位，维护我们对各种相关结果的控制权，并以此决定我们的认知。"[19]

我们以经验为基础来仔细审视这个世界，因此我们常会认为别人对事物的看法与我们一样。斯坦福大学的心理学家李·罗斯把这种现象称作"朴素实在主义"（naive realism）："一个人毫不动摇地相信自己一定可以如实地感知某个不变的、可知的客观事实；而其他人，假如能够理性而又通情达理的话，也会和他一样感知这一事实。"[20] 但是，别人看待事物的方式也许会和我们不同，这不是由于他们故意要和我们作对，而是他们的认识与我们相异，因而看待世界的方式也产生了差别。如果我们在面对某个任务时，可以利用这种认知差别引发具有积极作用的讨论，那么我们就能够产生新奇又富有洞察力的想法。但这些讨论通常很容易变为人身侮辱，这反而拖了学习的后腿。

如何向他人学习

怎样才能将他人的想法、观点融入自己的学习过程中，从而提高学习效率呢？

第一步，我们必须了解一起共事的人，并把整个团队都视为学习中的一部分。尼古拉斯·埃普利（Nicholas Epley）教授和朱莉安娜·施罗德（Juliana Schroeder）教授非常完美地揭示了我们“由于缺乏足够的社交而使很多需求无法被满足”这一观点。[21] 他们调查了个体在通勤时的体验。在一系列的实验中，被试都表示如果通勤途中能有独处时间，他们会更快乐。研究人员于是向被试随机分配了一些任务。

- 在通勤途中与他人有互动。
- 不要与任何人有互动。
- 平时怎么做的，现在还是怎么做。

结果显示，与他人互动时，人们表现得更快乐。不仅如此，后续的研究还发现，人们不确定他人是否愿意参与互动，所以不敢轻易尝试与他人互动。事实上，大多数人通常还是比较喜欢与人互动的。

多与他人接触，即使现在你还不需要他们的帮助，这样能为将来与他们进行互动打下基础。同时，向他人提些问题会给被问者“自己知识丰富”的感觉，从而更喜欢与你互动。[22]

所以，调整心态，重视与他人的互动吧。这并不是一件容易的事。我必须承认，我自己也时常将与人互动看作“浪费时间”，因为这些时间没用在工作上。这种看法其实是错误的，在经过不断试错反思后，我终于认识到和别人互动的时间也是绝对的、真正的“工作时间”。与人互动是为长期学习而进行的一种投资，并且是为继续推进研究工作而进行的投资。我发现这些互动一般都很有趣，能够激发人的动力，因为当周围都是自己在乎和认同的人时，大家在一起工作就会更加努力，也能够学到更多。

第二步，与熟悉的人反复合作。正如反复进行某个任务会对人的学习曲线产生良性影响一样，与同一个人不断互动也会为学习带来好处。我工作的大部分内容都是与团队一起做研究，无论如何，与团队成员的互动都会为学习打下基础。[23]

有一次我在北卡罗来纳大学的日间医疗中心与那里的外科医生闲聊，他们平时主要为患者进行门诊手术。这些外科医生和我抱怨，手术室里人员流动较大。新来的人看不懂他们的提示，也不理解他们的要求，以致错过了学习的机会。第 2 章里我们提到过的骨科医生罗伯特·布思建立了一套学习的体系，这套体系不仅会对任务进行评估，也能最大程度避免人员流动。每次去新医院任职，他不仅会着手将在手术室里操刀的整个医疗团队带去，甚至连在中心供应室工作和打扫卫生的员工也会一并带去。

在软件、咨询和医疗这三个领域的工作中，我发现与熟悉的人反复合作能够带来多种好处。[24]

首先，这样的合作能够帮助我们更好地协调自己的活动。与熟悉的人共事之时，我们能够拥有共同语言。反复与熟悉的人合作，能够为我们建立起交流的框架——让我们都知道应该怎样交流、应该交流哪些内容，这样我们就能更好地一起推进工作了。[25]例如那些经常与我共事的人，我就喜欢以不同的方式和他们一起工作。这些人当中，有一个人非常注重细节。与他合作，最明智的方法就是忽略不重要的细节。如果我们想一起有效地工作和学习，我就不能整天担心那些细小而又不十分重要的细节，否则我们俩就会被小问题缠住，无法好好解决更大的问题。另外一个人则与他不同，这个人完全不在乎细节。与他在一起工作，我就必须特别注意细节，否则后面就会有大麻烦，也就无法学习了。我的合作者一定也找到了与我共事的最佳策略。与熟悉的人反复合作让我们能够协调一致，这样我们就可以将注意力分配给有关学习的重要工作。

其次，我们可以寻找到需要的知识。要了解团队当中哪个成员具备什么知识不是一件容易的事，已故哈佛大学心理学家丹尼尔·韦格纳（Daniel Wegner）① 认为[26]，我们与他人共事时，会发展出交互记忆系统（transactive memory system，TMS）。这一系统可以帮助我们存储和检索每个成员擅长的领域，而和熟悉的人的反复合作让这一系统愈发成熟。[27]

再次，这样反复的合作能够帮助我们更好地应对发生的变化，因为我们整合了他人的知识。如果唯一不会变化的只有变化本身，那么我们就必

① 丹尼尔·韦格纳开创的“谷歌效应”“白熊实验”“交互记忆”等研究改变了许多人的学习和工作方式。其绝笔之作《人心的本质》已由湛庐文化引进、浙江教育出版社于2020年出版。——编者注

须不断地适应变化。这意味着要能迅速找到具有针对性的知识并加以运用，而这种知识一般都来自他人。当我们与熟悉的人共事时，我们更有可能建立起相互间的信任，因此也更能运用所寻到的宝贵知识。[28] 当然，这样也会让我们承担更多的风险。但总的来说，更好地锁定、调动、利用知识，可以让我们更好地学习。

当然，也有句话叫人熟不堪亲，不过真的是这样吗？来自美国东北大学的拉尔夫·卡茨（Ralph Katz）教授的研究能较全面地解释这个问题。他发现，团队成员之间反复合作，一开始团队表现确实会提升，但之后便会下滑。[29] 随着时间的推移，团队成员之间在检索知识信息时愈发内向——他们只与自己团队的同伴交流，与别的团队成员则无话可说。不过，只有当同一个团队的成员在一起超过 5 年时，团队的表现才会下滑。现在有多少人会在同一个团队里，与同一批人共事那么久？今时今日，我想应该不多吧。我虽然接触过成百上千个团队，但我还从没遇到过哪个团队达到这一年限的。当然，如果你加入团队是为了学到东西，那你的确应该尽力避免只盯着自己团队的伙伴。但你和他们互动、共事的时间，应该也很难达到 5 年那么久吧。

总之，要提高学习效率，就需要找到与熟人共事的好方法。这么做的好处是，我们不用与所有人都打成一片，也不会为找不到一个能好好相处的同事而沮丧。事实上，在团队里，哪怕只有一个熟人，也会对我们的学习有所帮助。[30] 经过一个一个的项目或者任务，我们身边的同伴也可能会一茬一茬地更换，但只要我们有那么一两个熟悉的同伴，这就会对我们的学习有帮助。

当然，你也可以通过改变互动方式来提高学习效率。正如前文所言，与他人合作的困难之一，是我们倾向于交换彼此都知道的，而非仅自己知晓的信息，它会限制我们的学习。从根本上看，这是由于我们经常将与他人的互动看成是与他人的竞争。例如，当我们坐下来讨论接下来要雇用谁或者在产品线里加上哪些产品特征时，我们会将讨论的结果等同于自己的成败。这就是采取了一种被称为倡导视角（advocacy perspective）的观点[31]，强势倡导自己在某个问题上的观点，试图让别人相信自己知道问题的答案，而不是收集更多信息以搞清楚问题的真相。我们不会去倾听任何与我们的观点相左的声音，只会试着将所有与我们持不同意见的人剔除。这种竞争的观念严重阻碍了我们的学习。

抛开这种倡导视角，何不试试探究视角（inquiry perspective）？我们不能总想着在合作中胜过他人，而要想着与对方达成合作。可以讨论，但讨论必须是为了分享知识，为了认真地思考各种可能性，而不是为了强迫他人接受我们的观点。如果在讨论时我们能够持开放的态度，能够接纳不同的意见、重视与我们观点相异的人，那么我们就更能学到东西，因为我们会听到别人此前从未分享过的信息，而且我们也很乐意做点什么，而不是听过就罢了。

在这里我举个例子。比方说，你是陪审长，你希望 12 人陪审团决定某人是否有罪。但如果每个陪审员都只听取到一部分的审判内容，你觉得此时采取投票的方式为某人定罪是否公平可靠？在每个陪审员都只听取了一部分审判内容的情况下，你是否能扫除其他陪审员的疑虑，让他们相信你已看到了真相，相信你能够判断被告是否有罪？当然不行。在这种情形下，每个陪审员所获取的信息都会是完全不同的。你如果称职的话，就应该努力让每个陪审员都了解到全部的必要信息。

一般来说，你所知道的并非全部。因此你必须去探究，去和他人进行富有成效的互动。要想学到新事物，你必须洞悉那些你不知道而别人知道的信息，以便全面地掌握知识。这就好比陪审员必须了解审判中全部的必要信息，而不能以偏概全一样。不要忘了我之前说过的那位绝顶聪明的朋友是怎么做的。问问你自己，每次与别人互动，你能从中学到什么？

最后，我们要取得进步，就必须学会做决策。如果我们能够采取探究的态度，就能学得更出色。这样的话，不论现在还是将来，我们的决策质量都会更高。

向他人学习的最后一步，是对互动这一概念的核心进行重建。本章贯穿始终的焦点一直是学习他人拥有的知识。但其实与他人分享我们的知识对我们也有好处。用小塞涅卡（Seneca the Younger）的话来说就是“以教促学”（Docendo discimus）。[32] 有些人把教学简单地看作仅仅传授知识，但教学也可以对学习产生强大推动力。不仅对教授们来说是这样，我们每个人都可以是老师，不论我们是学什么专业的。教学的过程会迫使我们自身更深入地理解所教的主题。我们给别人传递知识的过程能让我们树立起信心，而这种信心可以反过来鞭策我们学习。为了更深入地理解学习的知识，我们建立起了种种联系，并归纳整理。而别人也可能会向我们提出疑问，改变我们应对问题的方式。

教与学的互动所带来的益处，我自己也曾有体会。那会儿我正和我儿子一起学习 Python 编程语言。我们一起参加了一个网络课程。那次学习的经历令我收获颇丰，我不仅自己听课、学习丰富多彩的课程内容，我还向儿子教学。我自己曾用多种语言写过代码，所以还算有点基础，但关于 Python 也有不少专门的内容要学。我在教儿子时，意识到了自己现有知识储备的不足，因此我明白了自己还需要在哪些方面补课。每每看到儿子脸上满满的新鲜感，我就知道该补充什么样的新知识了。而同时，儿子也在现学现用，他教妈妈理解 Python 的基础内容。看着他为妈妈解疑释惑，或是目睹他被妈妈的某个问题问倒后，急忙回去把问题弄明白，再回来把答案告诉妈妈，最后自己也加深了对这种语言的理解，我觉得很有趣。

我和乔纳森·克拉克、温克特·库普斯瓦米（Venkat Kuppuswamy）一起研究了医院里以教促学的情况。[33] 我们研究了位于马里兰和新泽西的医院，重点关注接受了经皮腔内冠状动脉成形术（percutaneous transluminal coronary angioplasty，PTCA）的患者。手术中医生将球囊导管插入冠状动脉，并对球囊充气，这样血流就能绕开血栓流动，使动脉恢复畅通。我们调查了 52 家医院 9 年多的数据，发现教学经历越丰富的医生，从教学过程中学到的也越多。他们向患者追加昂贵手术费的可能性要低于其他医生，这一点就证实了本章的观点。因此，爱默生说得没有错："你真心诚意地帮助别人，别人也会真心诚意地帮助你，这是我们人生中最美好的报酬。"

可能有人以为，一个人的学习只与自身有关，但这样的想法并不全面。的确，我们每个人在自己的学习历程中都起到了关键的作用，但其他人的作用也同样重要。我们必须明白，学习的过程不仅依赖于自我，也依赖于他人，甚至他人起到的作用会更大。要想克服注意力的向内聚焦问题，我们需要构建人际关系、不断与人合作、以探究的态度与人共事，还可以从事教学工作。只要朝着这条路走下去，我们就能够集中精力，并将这些精力投入到学习中。

学习不易，需要持续的关注

在悲伤中能做的最好的事情就是从中学习。那是唯一永不失败的事情。你会垂垂老去，身体瑟瑟发抖；也可能会听着心脏紊乱的跳动声彻夜无眠……或许你会看到周围的世界被邪恶的疯子摧毁，或者眼睁睁看着自己的荣誉被卑鄙小人践踏。那么只剩下一件事情，就是学习。学习和了解世界为何飘摇不定，以及是什么让整个世界如此动荡。那是唯一能让心灵永远不会疲倦、疏远、痛苦、恐惧、怀疑和后悔的事情。学习就是你要做的事。

——

《永恒之王》之《梅林之书》
（Merlyn, in *The Once and Future King*）

生活在学习型经济社会意味着我们所有人都必须以四种思维方式来学习：专注、快速、频繁和灵活。

- 我们必须选择要学习的主题，然后要深度专注于这些主题以获取足够的知识和理解，从而产生积极影响。

- 学习的速度对学习至关重要。我们不仅要能选择正确的方向，而且必须能够快速掌握该领域的知识。

- 我们必须始终做好随时随地学习的准备，因为机会经常会在意想不到的地方随时出现。

- 我们必须灵活减速并快速切换到下一个机会。

专注于动态学习的原理不仅可以帮助我们应对不可避免的变化，还可以帮我们调整学习，使我们紧跟时代步伐并出类拔萃。

回到那个最初困扰我的问题。既然我是一个学习方面的专家，那么为什么我在学习上失败连连，还经常犯下许多在整本书中强调的错误？在整个写作过程中甚至更早，这个问题一直在我的脑海中盘旋。

学者的生活通常是孤独的。我喜欢和他人一起工作，但是即使是在合作项目中，也有很多时候我需要独立完成自己的一部分工作。在写书的过程中，独处的时间很多。思考的时间越长，我就越清楚地知道这个问题的答案是显而易见的：学习不易。如果学习很容易，那么早该完事了。学习是一个需要持续保持关注的过程。

这里以园艺来举例非常贴切。取得 MBA 学位后，我和妻子搬到了佛罗里达州的坦帕，在那里买了我们的第一套房子。那是一个很美好的小家，前院有美丽的花园。搬进去后，我们花了很多心思打理花园，把所有东西都布置得井井有条、漂漂亮亮。但是后来我们开始忙起来了，我们俩的新工作都需要我们付出大量时间和精力。当我们走在花园里，我们不再体会到之前的那种欢乐，因此我们忽略了打理花园这项任务。在佛罗里达州肥沃的土壤中，我们种的所有植物都长得枝繁叶茂，对我们两位业余园丁来说这简直是天赐的礼物。但同时，这意味着一些我们不想种植的东西也生根发芽了。花园里很快就长满了各种杂草，之前的美丽空间不复存在。如果仔细看，还是能隐约看到我们曾精心设计的花园的一些影子，但除此之外，我们之前辛勤付出的成果荡然无存。

恢复花园旧貌是一项十分艰巨的任务，比最初开始打理时还要费工夫。这个经历可以映射到学习上。即使你遵循了本书中的所有原则，你的任务也很可能没有完成。一路上会有各种事情让你分心，周围事物也在发生变化，要求你随之做出改变。学习是一个永无止境的过程，如果你未能给予其所需的关注，你的辛苦付出也将消失殆尽。

学习可能永远都没有终结的一天，但是只要有坚定的意志，你就可以做学习的主人。我一个儿子上学前班时学了一首歌，其中一句歌词是“I've got determination（我有决心）”。他在唱这首歌时，把“determination”（决心）这个词的重音放在了第一音节上。每次唱到这一句，他都会辅以动作：一只手握拳，横着砸向另一只手，在胸前摊开手，然后抬起头，满脸坚定的表情。从那以后，每当他遇到困难时，他都会在房子里边走边唱“我有决心”，同时挥动着小拳头，一脸坚定。现在，当我处于痛苦的挣扎中时，我就会想起他，有时也会像他一样砸拳。

没错，学习需要时刻保持警惕，而在学习这件事上，你可能就是自己的大敌。但是，如果你意识到了困难的存在并设法克服困难，只要有决心，再加上本书的协助，你一定可以战胜困难。就像我决定成为一名学者去了解人们如何学习并向他人教授如何学习一样，我的研究和工作对我自己的学习起到了很大的帮助，我期待我的工作也将帮助其他人进行学习。动态学习者已经做好了准备。祝学习愉快！

致谢

这本书是我多年甚至毕生工作的产物。此外，对这本书产生影响的人数不胜数。我在这里列举了许多人，如有遗漏，责任在我，因为有的时候我这个人有点健忘。在我的学习和职业生涯中，有两个人对我的影响最大。我想在致谢的开头先讲其中的一个人，在结束时再讲另外一个。

其中一个就是戴维·厄普顿。在哈佛商学院读完 MBA 后，我并没有打算接着攻读博士学位。但是，现实迫使我不得不思考自己想要怎样的“后 MBA”职业生涯。当我还是学生的时候，我听说过英国的一位研究运营的教授，而我的好哥们与他有紧密的合作。因此，我联系了戴维·厄普顿，和他讨论回到哈佛商学院攻读博士学位的想法。我们聊得十分投机，时至今日我仍确信，我能去哈佛读博，他在其中发挥了重要作用。在我入学后，他在我的学业生涯和探索学习的道路上扮演着重要的角色，对此我毫不怀疑。戴维是那种我自己渴望成为的导师。他为人十分体贴，又懂得如何鼓励他人。戴维是我见过的最聪明的人之一，他精通所有他想了解的课题。他很关心我，不仅仅把我视为一个学生，更视为一个独立个体。在研究开展到深入阶段时，戴维还带我年纪尚小的孩子和他全家去希腊的克里特岛度假。从我做学生到后来成为教授的整个过程里，戴维都给我带来了很多灵感，他以实际行动告诉我，一个真正关心学习的人是怎样的。遗憾的是，戴维在2017年英年早逝。在写这本书时，我想象过把成书放在他手中请他翻阅时的场景。如今，我会把这本书与戴维的妻儿和父母分享，希望他们看到在自己至亲的重要影响下写就的书时，脸上会展现出笑容。

在我的职业生涯中，我很幸运能与许多很棒的人一起工作。我一直寻求与那些比我更有才华的人合作，一次又一次成功地完成各项任务。我在哈佛商学院的另外两位导师罗布·哈克曼和加里·皮萨诺在我的职业生涯中也发挥了重要作用。加里是我论文的联合导师，他让我明白，我们教给企业的运营策略同样适用于我们自己的职业。罗布不仅充满好奇心、体贴又周到，而且还是我向往成为的经验主义者。从他身上我看到，如果我能以他一半的严谨程度来解决问题，那么我就能做出有趣而有影响力的工作成绩。任何读过我学术论文的人都可以从中看到罗布的强大影响力。

肯特·鲍恩（Kent Bowen）是我在哈佛商学院共事过的第一批教师之一。他帮助我了解了丰田生产方式对学习有怎样的启发意义。埃米·埃德蒙森是一位身体力行的学习型学者。她的研究教会了我很多，给了我很大的启发，与她共事是我人生中的一大乐事。阿南斯·拉曼（Ananth Raman）让我明白了一名经营领域专家的真正含义是什么。弗朗西丝·弗莱一直愿意对我直言不讳，指出我可以改进的地方。其他老师，包括克莱顿·克里斯坦森、乔瓦尼·加维特（Giovanni Gavetti）、简·哈蒙德（Jan Hammond）、马尔科·扬西蒂（Marco Iansiti）、安迪·金（Andy King）、罗伊·夏皮罗（Roy Shapiro）、迈克·托费尔（Mike Toffel）、迈克·塔施曼（Mike Tushman）和泽伊内普·托恩（Zeynep Ton），在我读博期间都给了我极大的帮助，教我学会如何做一名研究者和老师。我要特别感谢马克斯·巴泽曼，我真正结识他是在我离开哈佛商学院之后。他协助我完成了本书的整个出版过程。

我的合作研究者均在本书里留下了他们的印记。通过本书中讨论的所有案例，可以看到他们每一位所发挥的巨大影响。除了在学术上让我有所收获，他们还成了我的挚友。多年来，弗朗西斯卡·吉诺一直是我最常合作的研究者。她参与的每个项目都令我产生求知欲和喜悦。她是我的催化剂，为推进我的工作和我们的合作创造了机会。我非常感恩我们共事的时光。迪沃斯帮助我养成了从运营视角探索问题的习惯。我们在他访问北卡罗来纳大学期间偶然相遇，经过寥寥数语的交谈，便意识到我们会合作愉快。9 个月后，我们合作撰写的论文发表了，此后我们便有了更多的合作研究。凯蒂·米尔克曼自读研究生以来就不断向我提出各种具有挑战性的问题，不论作为朋友还是合著者，她都同样令人愉快。戴维·霍夫曼第一次来我办公室是为了做一项简单的合理性检查，后来却促成了一项了不起的合作，对此我深表感激。在读研期间，戴维·布伦纳（David Brunner）总是能让我保持理智，不断向我提出挑战，延续至今。我也要感谢许多其他的合作伙伴，包括丹·凯布尔、乔纳森·克拉克、雷利·德夫勒－罗津、赛义德·埃玛迪（Seyed Emadi）、海迪·加德纳（Heidi Gardner）、萨拉瓦纳·卡万（Saravanan Kesavan）、西利娅·穆尔和汤姆·塔恩（Tom Tan）。

我十分荣幸能就读于一所既重视严谨性又与时俱进的一流大学。从我们的教务长吉姆·迪安（Jim Dean）到后来的道格·沙克尔福德（Doug Shackelford），再到教职人员杰伊·斯瓦米纳坦（Jay Swaminathan）、珍妮弗·康拉德（Jennifer Conrad）和戴维·霍夫曼，以及经营领域的领导、我有史以来最好的老板安·马勒查克（Ann Marucheck）和维纳亚克·德什潘德（Vinayak Deshpande），所有人都给了我充分的自由、鼓励和资源，让我得以发挥自己的优势，努力为我们的学生和见习管理者做出改变。我在北卡罗来纳大学凯南－弗拉格勒商学院的营销领域的同事在保持工作的乐趣和智力投入方面均发挥了重要作用。特别感谢亚当·梅尔赛鲁（Adam Mersereau），即使我们还没能找到可以合作的项目，但他愿意聆听我的想法和抱怨，这于我而言仍然是一份宝贵的礼物。自从我们一起进入哈佛商学院以来，萨拉瓦纳·卡万一直是我的导师，并且一直是一位很棒的同事、合作者以及朋友。感谢其他老师，包括赛义德·埃玛迪、温德尔·吉兰德（Wendell Gilland）、劳伦·卢（Lauren Lu）、阿里·帕拉克塔克（Ali Parlakturk）、努尔·苏纳尔（Nur Sunar）、桑迪普·拉思（Sandeep Rath）和已故的哈维·瓦格纳（Harvey Wagner）。

在撰写本书之前，我有幸作为访问学者在沃顿商学院工作了一年。这次经历不仅让我有机会再次与凯蒂·米尔克曼本人合作，也让我有幸结识了我的一位学术偶像——克里斯蒂安·特威斯奇。克里斯蒂安所做的工作为我带来了灵感，因此能够与他以同事相称并最终成为合作伙伴让我十分兴奋。他不仅在我们成为同事后帮了我很多，而且早在很多年前，他就曾担任我一篇论文的编辑，真正教会我成为一名实证研究型的运营学者意味着什么。我希望在将来某个时候，我们可以合作开展一个正式的研究项目。与杰拉德·卡雄（Gerard Cachon）的数次长谈同样改变了我对正确的运营方式的看法。我很感激在马歇尔·费舍尔（Marshall Fisher）身边度过的时光，每次只要一靠近他，我就不禁要从他身上学习。与西蒙娜·马里内西（Simone Marinesi）合作教学很愉快，我也经常和她一起喝咖啡。我与莫里斯·科恩（Morris Cohen）、诺亚·甘斯（Noah Gans）、凯德·梅西、莫里斯·施魏泽（Maurice Schweitzer）和森特希尔·韦拉拉瓜恩（Senthil Veeraraghava）等其他教师的互动也非常愉快。

我的学生对我的研究也产生了巨大影响。博士生伊桑·伯恩斯坦、戴恒晨、玛丽亚·伊巴涅斯（Maria Ibanez）、R. J. 尼沃纳（R. J. Niewoehner）、普拉迪普·彭德姆和梅莉萨·瓦伦丁（Melissa Valentine）所教会我的，不比我教给他们的少。我很幸运能为很多 MBA 学生和公司高管做培训，他们不仅允许我验证我的一些想法，也帮助我创建了不少新的理论。

当我构思这本书的时候，我希望在目标读者中进行测试。这意味着我需要向我的朋友求助，而他们十分慷慨地花时间与我讨论写书的想法。斯凯勒·琼斯（Schuyler Jones）和约翰·斯蒂尔森（John Stillson）不仅与我在棒球场上度过了很多时间，他们也很乐意分享自己的经验，其中斯凯勒校阅了我书中讲到的心脏病学案例，确保我的叙述合情合理。格雷格·布朗伯格（Greg Bromberger）、克里斯·克兰（Chris Crane）、凯尔·切尼特（Kyle Chenet）、安迪·格林（Andy Greene）和史蒂夫·麦克马洪（Steve McMahon）同样在很多方面花了很多时间帮助我。

在进入学术界之前，我经常读到一些文章谈到编辑在一本学术著作的撰写过程中发挥的重要作用。我当时是相信的，因为既然大家都这么说，那肯定就是真的了。但是真实情况如何，我不得而知。后来我有幸与两位真正优秀的编辑合作。第一位是史蒂夫·普罗科施（Steve Prokesch）。史蒂夫是那种无论你写出来的作品是什么样，他都会敦促你进一步优化的人。他不能容忍作品中的废话和版面的浪费。如果你急于赶在截止日期前搞定一篇文章，他的这种态度可能会让你很闹心。但是如果你希望你的学术成果能产生长远的影响，那么他的较真是无价的。第二位是我这本书的编辑蒂姆·沙利文，他从头到尾指导我这个新手作者完成整个写作过程。如何既能让我表达清楚自己的观点，同时又敦促我精益求精，其间的平衡他拿捏得十分到位。如果书中还有什么遗漏的谬误，其咎完全在我。语言无法穷尽我对他和整个《哈佛商业评论》出版团队的赞誉和感激。特别感谢玛莎·斯波尔丁（Martha Spaulding）出色地完成了本书的文字编辑工作。还要感谢珍妮弗·韦林（Jennifer Waring）和乔恩·希普利（Jon Shipley）。

回望我的整个人生，我遇到了太多杰出的教育者，无法在这里一一列举。是他们培养了一个小男孩对英语和数学的热情，帮助他发现了自己的一片天地。我在厄内斯独立学区长大，有幸师从卡尔弗特（Calvert）女士、萨萨诺（Sassano）女士、安德勒斯（Andrus）女士、巴特（Batt）先生、布朗（Browne）女士、布莱尔（Blair）女士、哈珀（Harper）先生、弗拉托（Flatau）女士和伊诺霍萨（Hinojosa）教练。在得克萨斯大学奥斯汀分校就学期间，我也得到了很多老师的帮助。特别感谢库尔特·海因策尔曼（Kurt Heinzelman），感谢他全盘否定了我的论文然后又协助我从头再来；还有麦克·格雷迪（Mack Grady），他是一位十分耐心又善于鼓励他人的导师，跟他学习电气工程的经历很愉快。我还要感谢我在得克萨斯大学奥斯汀分校上学期间以及在那之后，为我提供帮助的本·斯特里特曼（Ben Streetman）院长。

如果没有我的家人，就不会有这本书的诞生。我的母亲一直是我最坚定的支持者。她不仅相信自己的儿子可以做成任何想做的事情，而且她总是以实际行动来支持我。她的鼓励蕴含无穷的能量。在我小的时候，她重返校园学习，在打理生活中一切事务的同时，总是能留出时间陪伴我。她用行动告诉我，只要我努力，任何梦想都能实现。我的父亲是我一生中最为仰慕的人。他为我们树立了榜样，告诉我们如何在实现卓越的同时不忘善待他人。我知道他一直都很忙，但是只要我需要他，他都会找时间陪我。我的哥哥特伦特是我认识的最有成就的人之一。他一直都带给我无穷的启迪。小时候他就总是想尽办法帮助我。被他这样一个才能出众又有块头的人保护着，我感受到无尽的安全感。不过有一次例外，那次他和我玩雅达利棒球游戏，他一方面不想让我感到太艰难，一方面又想激发我的潜力，结果导致我输得很惨。还要感谢我的格伦（Glenn）叔叔和玛莎（Marsha）姨妈，他们以身作则，证明勤奋和学习能够为每个人创造机会。多年来，我的岳父岳母也都在我的生命中扮演了重要的角色。我要感谢岳父里克（Rick）分享他如何看待向生活学习的感悟，也感谢他把自己那么广的人脉资源介绍给我。岳母贝姬（Becky）一直给我很大的鼓励，而且，要不是她出手相助，我都不知道我们能否挺过孩子刚出生的那几年。谢谢你们。

最后，我要感谢与我在一起时间最久的四个人。我的三个儿子一直都带给我学习的灵感。他们三个都是在我攻读博士学位期间出生的，所以我和妻子经常开玩笑说，即使在学术这条路上毫无建树，至少他们三个是我能拿得出手的宝贵成果。目睹他们如何走过井喷式学习的年岁让我感到惊叹不已。他们是那么充满好奇，那么善良，那么活力四射。有他们在我身边喊我“爸爸”，这是何等的福分！我很幸运从他们身上学到了很多，希望他们也能从我身上学到很多。

我一开始就提到，有两个人对我的影响最大，在前面我先感谢了戴维·厄普顿。最后，我要感谢的是对这本书的诞生做出最大贡献的另外一个人——我的妻子帕特里西娅·坎特韦尔·斯塔茨（Patricia Cantwell Staats）。我和她的相遇发生于我们在得克萨斯大学奥斯汀分校读大一时的万圣节。即使在今天，我依然不知道她在一个笨拙又局促的男孩身上看到了什么，但我很感恩她看到了。这么多年，经历了这么多的变化，辗转了这么多的城市，她依然是我快乐的源泉。她聪明、体贴、善良。她懂得在什么样的场合中应该有什么样的行为，是那种相处起来让你感觉很自在的人，能让你恨不得立刻把心底埋藏最深的秘密说给她听。她不仅相信而且支持我去追求自己的目标和我们家庭的目标，因为她，我想变成一个更好的人。我知道通往更好的自己的道路上时不时会有挫败，但当我落败时，她总在我身边，帮助我从失败中学习，朝着更加光明的方向继续前进。

不论是爱情还是友情，
都将在我们的生命里
留下永恒的印迹。
感谢命运，
让你我相遇。

——

弗朗索瓦·莫里亚克（François Mauriac）

25年过去了，我依然感恩命运让我们走到一起。也许我们的故事始于青春的纯真无邪，但是我无法想象，除了她还有谁值得我与之携手、共度一生。愿我们一起，永远不会停止学习。

注释和参考文献

引言　未来世界，唯一不变的就是变化

1. http://quoteinvestigator.com/2016/12/14/inward/.
2. Bureau of Labor Statistics, "Number of Jobs Held, Labor Market Activity, and Earnings Growth Among the Youngest Baby Boomers: Results from a Longitudinal Survey," August 24, 2017.
3. I. D. Wyatt and D. E. Hecker, "Occupational Changes During the 20th Century," *Monthly Labor Review* 129 (2006): 35–57.
4. G. Will, "A Plan to Make America 1953 Again," *Washington Post* ,December 28, 2016.
5. Ibid.
6. S. L. Wang, P. Heisey, D. Schimmelpfennig, and E. Ball, "Agricultural Productivity Growth in the United States: Measurement, Trends, and Drivers," *United States Department of Agriculture Economic Research Report* 189 (July 2015).
7. M. J. Hicks and S. Devaraj, "The Myth and the Reality of Manufacturing in America," Ball State University Center for Business and Economic Research, 2015.
8. M. Dvorkin, "Jobs Involving Routine Tasks Aren' t Growing," Federal Reserve Bank of St. Louis, January 4, 2016.
9. A. Smith, *An Inquiry into the Nature and Causes of the Wealth of Nations* (London: W. Strahan and T. Cadell, 1776), 8.

10. American Board of Medical Specialities website, Specialty and Subspecialty Certicates, accessed November 6, 2017.
11. B. S. Alper et al., "How Much Effort Is Needed to Keep Up with the Literature Relevant for Primary Care?" *Journal of the Medical Library Association* 92, no. 4 (2004): 429–437.

1 我们为什么无法从失败中学习

1. 这部分内容基于 G. Pisano, F. Gino, and B. R. Staats, "Pal's Sudden Service—Scaling an Organizational Model to Drive Growth," Case N9-916-052 (Boston: Harvard Business School, 2016)。
2. Ibid.
3. Ibid.
4. E. D. Rothblum, "Fear of Failure," in *Handbook of Social and Evaluation Anxiety* , ed. H. Leitenberg (Boston: Springer, 1990), 497–537.
5. S. Croes, P. Merz, and P. Netter, "Cortisol Reaction in Success and Failure Condition in Endogenous Depressed Patients and Controls," *Psychoneuroendocrinology* 18, no. 1 (1993): 23–35.
6. F. M. Levine, S. M. Krass, and W. J. Padawer, " Failure Hurts: The Effects of Stress Due to Difficult Tasks and Failure Feedback on Pain Report," *Pain* 54, no. 3 (1993): 335–340; and J. H. C. van den Hout et al., "Does Failure Hurt? The Effects of Failure Feedback on Pain Report, Pain Tolerance and Pain Avoidance," *European Journal of Pain* 4, no. 4 (2000):335–346.
7. E. Kross et al., "Social Rejection Shares Somatosensory Representations with Physical Pain," *Proceedings of the National Academy of Sciences* 108, no. 15 (2011).
8. A. Edmondson, "Psychological Safety and Learning Behavior in Work Teams," *Administrative Science Quarterly* 44, no. 2 (2011): 350–383; A. C. Edmondson, "Learning from Mistakes Is Easier Said Than Done:Group and Organizational Inuences on the Detection and Correction of Human Error," *Journal of Applied Behavioral Science* 32, no. 1 (1996):5–28; A. C. Edmondson, "Strategies for Learning from Failure," *Harvard Business Review* 89, no. 4 (2011): 48–55; and A. C. Edmondson, R. M. Bohmer, and G. P. Pisano, "Disrupted Routines: Team Learning and New Technology Implementation in Hospitals," *Administrative Science Quarterly* 46, no. 4 (2001): 685–716.
9. D. Kahneman and A. Tversky, " Advances in Prospect Theory: Cumulative Representation of Uncertainty," *Journal of Risk and Uncertainty* 5, no. 4 (1992): 297–323.

10. D. T. Gilbert, E. Driver-Linn, and T. D. Wilson, " The Trouble with Vronsky: Impact Bias in the Forecasting of Future Affective States," in *The Wisdom in Feeling: Psychological Processes in Emotional Intelligence* , eds. L. F. Barrett and P. Salovey (New York: Guildford, 2002), 114–143.
11. B. A. Mellers and A. P. McGraw, "Anticipated Emotions as Guides to Choice," *Current Directions in Psychological Science* 10 (2001): 210–214.; D. T. Gilbert et al., "The Trouble with Vronsky" ; G. Loewenste in T. O' Donoghue, and M. Rabin, "Projection Bias in Predicting Future Utility," *Quarterly Journal of Economics* 118 (2003): 1209–1248; T. D. Wilson, J. M. Meyers, and D. T. Gilbert, " 'How Happy Was I, Anyway?' A Retrospective Impact Bias," *Social Cognition* 21 (2003): 407–432; and D. A. Kermer et al., " Loss Aversion Is an Affective Forecasting Error," *Psychological Science* 17, no. 8 (2003): 649–653.
12. D. A. Kermer et al., "Loss Aversion Applies to Predictions More Than Experience," in T. D. Wilson and D. T. Gilbert, "Affective Forecasting: Knowing What to Want," *Current Directions in Psychological Science* 14, no. 3 (2005): 131–134.
13. R. F. Baumeister, E. Bratslavsky, C. Finkenauer, and K. D. Vohs, "Bad Is Stronger Than Good," *Review of General Psychology* 5, no. 4 (2001): 323–370.
14. Wilson and Gilbert, " Affective Forecasting."
15. B. Weiner, *Achievement Motivation and Attribution Theory* (Morristown, NJ: General Learning Press, 2005); B. Weiner, "A Theory of Motivation for Some Classroom Experiences," *Journal of Educational Psychology* 72 (1979): 676–681; and B. Weiner, *Judgments of Responsibility: A Foundation for a Theory of Social Conduct* (New York: Guildford, 1995).
16. R. P. Feynman and P. D. Sackett, " 'Surely You' re Joking, Mr. Feynman!' Adventures of a Curious Character," *American Journal of Physics* 53, no. 12 (1985): 1214–1216.
17. 基本归因错误也被称作对应偏差（correspondence bias）[L. Ross, "The Intuitive Psychologist and His Shortcomings," *Advances in Experimental Social Psychology* 10 (1977): 173–220; and D. T. Gilbert and P. S. Malone, "The Correspondence Bias," *Psychological Bulletin* 117, no. 1 (1995): 21–38]。
18. L. Ross, T. M. Amabile, and J. L. Steinmetz, "Social Roles, Social Control, and Biases in Social-Perception Processes," *Journal of Personality and Social Psychology* 35 (1977): 485–494.
19. D. A. Moore, S. A. Swift, Z. Sharek, and F. Gino, "Correspondence Bias in Performance Evaluation: Why Grade Ination Works," *Personality and Social Psychology Bulletin* 36, no. 6 (2010): 843–852.
20. F. Heider, *The Psychology of Interpersonal Relations* (New York: Wiley, 1958).

21. D. KC, B. R. Staats, and F. Gino, "Learning from My Successes and Others' Failure: Evidence from Minimally Invasive Cardiac Surgery," *Management Science* 59, no. 11 (2013): 2435–2449.
22. C. G. Myers, B. R. Staats, and F. Gino, "'My Bad!' How Internal Attribution and Ambiguity of Responsibility Affect Learning from Failure," working paper 14–104, Harvard Business School, Boston, 2014.
23. C. Sedikides, " Assessment, Enhancement, and Verication Determinants of the Self-Evaluation Process," *Journal of Personality and Social Psychology* 65 (1993): 317–338; J. I. Krueger, "Return of the Ego—Self-Referent Information as a Filter for Social Prediction: Comment on Karniol (2003)" *Psychological Review* 110, no. 3 (2003): 585–590; and A. H. Jordan and P. G. Audia, "Self-Enhancement and Learning from Performance Feedback," *Academy of Management Review* 37, no. 2 (2012): 211–231.
24. 像许多大学生一样，我逐渐变得成熟，也开始明白我必须更加努力地去应对接二连三的挑战。到了大三，虽然我的成绩相比以前没太多差别，但努力开始在我的成功中扮演更重要的角色。电磁学是一门极具挑战性的课程。当时我哥哥马上要博士毕业了，我的教授也是他的博士论文委员会的成员。在哥哥顺利完成博士论文答辩后，他们谈论的话题转移到了我身上。教授对他说："你弟弟很聪明，但还不够勤奋。"当时，我把这句话当成了对我的褒奖；而时至今日，随着我深入理解了努力在学习中的作用，我意识到这并不是夸奖。
25. K. D. Elsbach and R. M. Kramer, "Members' Responses to Organizational Identity Threats: Encountering and Countering the Business Week Rankings," *Administrative Science Quarterly* 41, no. 3 (1996): 442–476.
26. P. G. Audia and S. Brion, "Reluctant to Change: Self-enhancing Responses to Diverging Performance Measures," *Organizational Behavior and Human Decision Processes* 102, no. 2 (2007): 255–269.
27. P. Green, F. Gino, and B. R. Staats, "Shopping for Confirmation: How Threatening Feedback Leads People to Reshape Their Social Networks," working paper, Harvard Business School, Boston, 2016.
28. N. J. Roese, "The Functional Basis of Counterfactual Thinking," *Journal of Personality and Social Psychology* 66 (1994): 805–818; L. J. Sanna, S. Meier, and K. J. Turley-Ames, " Mood, Self- Esteem, and Counterfactuals: Externally Attributed Moods Limit Self-Enhancement Strategies," *Social Cognition* 16 (1998): 267–286; I. J. Sanna, E. C. Chang, and S. Meier, "Counterfactual Thinking and Self-Motives," *Personality and Social Psychology Bulletin* 27 (2001): 1023–1034; K. White and D. R. Lehman, "Looking on the Bright Side: Downward Counterfactual Thinking in Response to Negative," *Personal Social Psychology Bulletin* 31, no. 10 (2005): 1413–1424; and P.

G. Audia, “Self-Enhancement and Learning from Performance Feedback,” *Academy of Management Review* 37, no. 2 (2012): 211–231.

29. X. Lin-Siegler et al., “Even Einstein Struggled: Effects of Learning About Great Scientists’ Struggles on High School Students’ Motivation to Learn Science,” *Journal of Educational Psychology* 108, no. 3 (2016): 314–328.
30. 关于组织方面的案例，请查阅无国界工程师组织（Engineers Without Borders）关于失败的报告。
31. E. Catmull, *Creativity, Inc.: Overcoming the Unseen Forces That Stand in the Way of True Inspiration* (New York: Random House, 2014).
32. stickK.com 网站的用户可以创建“承诺合同”，用户可以通过指定目标、时间线和成本（如一定数量的钱）来完成个人目标。
33. E. Catmull, “How Pixar Fosters Collective Creativity,” *Harvard Business Review* 86, no. 9 (2008): 64–72.
34. R. M. Bohmer, “ Fixing Health Care on the Front Lines,” *Harvard Business Review* 88, no. 4 (2010): 62–69.
35. “成功就是不断失败而不丧失热情”这句名言常被错误地认为出自林肯或丘吉尔。

2 成绩目标不等于学习目标

1. 这部分内容基于 R. M. J. Bohmer, R. S. Huckman, J. Weber, and K. J. Bozic, “Managing Orthopaedics at Rittenhouse Medical Center,” Case 9-607-152 (Boston: Harvard Business School Publishing, 2007)。
2. R. Booth, “Minimizing Operating Time: Does Speed Kill?” *Orthopedics* 24 (2001): 853–854.
3. Aria—Jefferson Health 3B Orthopaedics website, accessed November 7, 2017.
4. 作为麻省理工学院国际机动车项目的一部分，研究人员将美国和欧洲汽车公司生产流程中的浪费情况与日本人的“精益生产”进行了区分。J. P. Womack, D. T. Jones, and D. Roos, *The Machine That Changed the World* (New York: Rawson Associates, 1990).
5. S. J. Spear, “ Fixing Health Care from the Inside, Today,” *Harvard Business Review* 83, no. 9 (2005): 78–91; R. M. Bohmer, “Fixing Health Care on the Front Lines,” *Harvard Business Review* 88, no. 4 (2010): 62–69; B. R. Staats, D. J. Brunner, and D. M. Upton, “Lean Principles, Learning, and Knowledge Work: Evidence from a Software Services Provider,” *Journal of Operations Management* 29, no. 5 (2011): 376–390; and B. R. Staats and D. M. Upton, “Lean Knowledge Work,” *Harvard Business Review* 89, no. 10 (2011): 100–110.
6. J. Clear, “ This Coach Improved Every Tiny Thing by 1 Percent and Here's What

Happened," *James Clear* (blog).
7. B. O' Keefe, "Leadership Lessons from Alabama Football Coach Nick Saban," *Fortune* , September 7, 2012.
8. 根据具体设置，基本上，玩家还是会输给庄家。有计算表明，玩家输的概率是 49.1%，赢的概率是 42.4%，而 8.5% 的概率为平局（即庄家和玩家手里的数字相同，不涉及赢和输）。有了 21 点的模型，就有可能伺机将优势从庄家转移到玩家身上。例如，如果玩家会算牌，并注意到打出的低数字牌比人头牌多，那么优势就会转移到玩家身上，这时玩家应该加注。关于这个策略的解释，可阅读 B. Mezrich 的著作 *Bringing Down the House: The Inside Story of Six MIT Students Who Took Vegas for Millions* (New York: Free Press, 2002)，书中的讲述大致与事实相符。
9. R. E. Bohn, "Noise and Learning in Semiconductor Manufacturing," *Management Science* 41, no. 1 (1995): 31–42.
10. M. Lewis, *Moneyball: The Art of Winning an Unfair Game* (New York: W.W. Norton, 2003).
11. M. Popova, "How Steinbeck Used a Diary as a Tool of Discipline, a Hedge Against Self-Doubt, and a Pacemaker for the Heartbeat of Creative Work," Brain Pickings.
12. L. Lefgren, B. Platt, and J. Price, "Sticking with What (Barely) Worked: A Test of Outcome Bias," *Management Science* 61, no. 5 (2015): 1121–1136.
13. 但是请注意，比赛中比分接近可能会带来额外的激励效果。在篮球比赛中，半场失利的球队比半场领先的球队更有可能迎头赶上并最终赢得比赛［J. Berger and D. Pope, "Can Losing Lead to Winning?" *Management Science* 57, no. 5 (2011): 817–827］。
14. 为了抓住球队无法控制的因素，作者研究了对手球队的罚球命中率。如果罚球次数是既定的，那么对手罚球成功或失误次数与教练自己的球队没有关系。然而即便如此，相比于小比分赢球的情况，教练在球队小比分输球后更容易改变球队战术。
15. R. K. Ratner and K. C. Herbst, "When Good Decisions Have Bad Outcomes: The Impact of Affect on Switching Behavior," *Organizational Behavior and Human Decision Processes* 96, no. 1 (2005): 23–37.
16. 其他实验室的研究表明，在不同的情境中也显示出同样的模式，例如在评估销售人员的目标选择时［G. W. Marshall and J. C. Mowen, "An Experimental Investigation of the Outcome Bias in Salesperson Performance Evaluations," *Journal of Personal Selling and Sales Management* 13, no. 3 (1993): 31–47］，或者士兵选择服从命令时［R. Lipshitz, " 'Either a Medal or a Corporal': The Effects of Success and Failure on the Evaluation of Decision Making and Decision Makers," *Organizational Behavior and Human Decision Processes* 44, no. 3 (1989): 380–395］。

17. J. S. Lerner and P. E. Tetlock, "Accounting for the Effects of Accountability," *Psychological Bulletin* 125, no. 2 (1999): 255–275.
18. E. S. Elliott and C. S. Dweck, "Goals: An Approach to Motivation and Achievement," *Journal of Personality and Social Psychology* 54, no. 1 (1988): 5–12.
19. S. C. Payne, S. S. Youngcourt, and J. M. Beaubien, "A Meta- Analytic Examination of the Goal Orientation Nomological Net," *Journal of Applied Psychology* 92, no. 1 (2007): 128–150; C. S. Dweck, "Motivational Processes Affecting Learning," *American Psychologist* 41, no. 10 (1986): 1040–1048; C. S. Dweck and E. L. Leggett, "A Social-Cognitive Approach to Motivation and Personality," *Psychological Review* 95, no. 2 (1998): 256–273; E. S. Elliott and C. S. Dweck, "Goals: An Approach to Motivation and Achievement," *Journal of Personality and Social Psychology* 54, no. 1 (1988): 5–12; and C. Dweck, *Mindset: The New Psychology of Success* (New York: Random House, 2006).
20. C. M. Mueller and C. S. Dweck, "Praise for Intelligence Can Undermine Children' s Motivation and Performance," *Journal of Personality and Social Psychology* 75, no. 1 (1998): 33–52.
21. C. Dweck, "Talent: How Companies Can Prot from a 'Growth Mindset,'" *Harvard Business Review* 92, no. 11 (2014): 28–29.
22. J. S. Moser et al., "Mind Your Errors: Evidence for a Neural Mechanism Linking Growth Mind-Set to Adaptive Posterror Adjustments," *Psychological Science* 22, no. 12 (2011): 1484–1489.
23. 请注意，具有学习目标导向的个体认知活动较高。J. A. Mangels et al., "Why Do Beliefs About Intelligence Inuence Learning Success? A Social Cognitive Neuroscience Model," *Social Cognitive and Affective Neuroscience* 1, no. 2 (2006): 75–86.
24. 虽然这与我们的学习讨论无关，但值得一提的是，研究者也探讨了心态与信心之间的关系。埃林格（Ehrlinger）、米彻姆（Mitchum）和德韦克（Dweck）邀请参与者完成一个测试，但在告诉参与者分数之前，参与者必须先对自己的表现进行预测。对智力持固定型态度的参与者对自己的分数高估了 25% 以上，而对智力持更灵活看法的参与者只有 5% 的偏差。这种差异至少在一定程度上是因为，拥有固定型思维的参与者将时间和注意力投入到了更容易的问题上。因此，一个人对智力和学习的基本看法会对其产生深远的影响。J. Ehrlinger, A. L. Mitchum, and C. S. Dweck, "Understanding Overcondence: Theories of Intelligence, Preferential Attention, and Distorted Self-Assessment," *Journal of Experimental Social Psychology* 63 (2016): 94–100; and H. G. Halvorson, "The Mindset That Leads People to Be Dangerously Overcondent," *Harvard Business Review* , April 19, 2016.

25. B. R. Staats, D. J. Brunner, and D. M. Upton, " Lean Principles, Learning, and Knowledge Work: Evidence from a Software Services Provider," *Journal of Operations Management* 29, no. 5 (2011): 376–390; and B. R. Staats and D. M. Upton, "Lean Knowledge Work," *Harvard Business Review* 89, no. 10 (2011): 100–110.
26. 我鼓励任何有兴趣学习的人都花时间去读一读泰勒的书。在 20 世纪，他的作品被简化成了一些典故，这些典故有的符合他的观点，有的不符合。他的作品存在明显的缺陷，其中充斥着太多的种族主义，以及对工人贡献的漠视。但他关于如何改进那个时代的手工业操作的基本思想在今天仍然具有现实意义。F. W. Taylor, *The Principles of Scientific Management* (New York: Harper & Brothers, 1911), 109.
27. A. Chen, "The Metrics System: How MLB' s Statcast Is Creating Baseball' s New Arms Race," *Sports Illustrated* , April 26, 2016.
28. M. Buckingham and A. Goodall, "Reinventing Performance Management," *Harvard Business Review* 93, no. 4 (2015): 40–50.
29. R. E. Silverman, "GE Re-Engineers Performance Reviews, Pay Practices," *Wall Street Journal* , June 8, 2016.
30. Payne, Youngcourt, and Beaubien, "A Meta-Analytic Examination of the Goal Orientation Nomological Net."
31. P. A. Heslin, G. P. Latham, and D. Vandewalle, "The Effect of Implicit Person Theory on Performance Appraisals," *Journal of Applied Psychology* 90, no. 5 (2005): 842–856; and P. A. Heslin, G. P. Latham, and D. Vandewalle, "Keen to Help? Managers Implicit Person Theories and Their Subsequent Employee Coaching," *Personnel Psychology* 59, no. 4 (2006): 871–902.

3 了解答案不是目的，学会提问才是根本

1. G. Garrett, " To Lead Is to Acknowledge What You Don' t Know," LinkedIn, September 15, 2016.
2. R. Mehra, "Global Public Health Problem of Sudden Cardiac Death," *Journal of Electrocardiology* 40, no. 6 (2007): S118–S122.
3. 这部分内容基于 J. P. Ackerman et al., "The Promise and Peril of Precision Medicine," *Mayo Clinic Proceedings* 91, no.11 (2016): 1606–1616, and R. Winslow, " Boy' s Cardiac Death Led to Misuse of Genetic Test, Study Says," *Wall Street Journal* , October 21, 2016。
4. H. Singh, A. N. D. Meyer, and E. J. Thomas, " The Frequency of Diagnostic Errors in Outpatient Care: Estimations from Three Large Observational Studies Involving US Adult Populations," *BMJ Quality and Safety* 23, no. 9 (2014): 727–731.

5. T. Pohlmann and N. M. Thomas, " Relearning the Art of Asking Questions," *Harvard Business Review* , March 27, 2015.
6. *Discovery and Development of Penicillin* (London: Alexander Fleming Laboratory Museum, 1999).
7. American Chemistry Society, " Edwin Land and Polaroid Photography," .
8. F. Gino and B. R. Staats, "Mary Caroline Tillman at Egon Zehnder: Spotting Talent in the 21st Century," Case 416-017 (Boston: Harvard Business School Publishing, 2015).
9. M. Goldsmith, *What Got You Here Won' t Get You There: How Successful People Become Even More Successful* (New York: Hyperion, 2007).
10. T. B. Kashdan, R. A. Sherman, J. Yarbro, and D. C. Funder, "How Are Curious People Viewed and How Do They Behave in Social Situations? From the Perspectives of Self, Friends, Parents, and Unacquainted Observers," *Journal of Personality* 81, no. 2 (2013): 142–154. For related work, see G. Loewenstein, "The Psychology of Curiosity: A Review and Reinterpretation," *Psychological Bulletin* 116, no. 1 (1994): 75–98; and T. B. Kashdan, P. Rose, and F. D. Fincham, "Curiosity and Exploration: Facilitating Positive Subjective Experiences and Personal Growth Opportunities," *Journal of Personality Assessment* 82, no. 3 (2004): 291–305.
11. K. Huang et al., "It Doesn' t Hurt to Ask: Question-Asking Increases Liking," *Journal of Personality and Social Psychology* 113, no. 3 (September 2017): 430–452.
12. T. B. Kashdan and M. F. Steger, " Curiosity and Pathways to Well- Being and Meaning in Life: Traits, States, and Everyday Behaviors," *Motivation and Emotion* 31 (2007): 159–173; and T. B. Kashdan and J. Rottenberg, "Psychological Flexibility as a Fundamental Aspect of Health," *Clinical Psychology Review* 30 (2010): 865–878.
13. D. J. Simons and C. F. Chabris, "Gorillas in Our Midst: Sustained Inattentional Blindness for Dynamic Events," *Perception* 28, no. 9 (1999): 1059–1074.
14. U. Neisser, *The Control of Information Pickup in Selective Looking. Perception and Its Development: A Tribute to Eleanor J. Gibson* , ed. *A. D. Pick* (Hillsdale, NJ: Lawrence Erlbaum Associates, 1979).
15. D. J. Simons, "Monkeying Around with the Gorillas in Our Midst: Familiarity with an Inattentional-Blindness Task Does Not Improve the Detection of Unexpected Events," *i-Perception* 1, no. 1 (2010): 3–6.
16. A. Tversky and D. Kahneman, "Availability: A Heuristic for Judging Frequency and Probability," *Cognitive Psychology* 5, no. 2 (1973): 207–232; and C. MacLeod and L. Campbell, "Memory Accessibility and Probability Judgments: An Experimental Evaluation of the Availability Heuristic," *Journal of Personality and Social Psychology* 63, no. 6 (1992):890–902.

17. E. Bakshy, S. Messing, and L. A. Adamic, "Exposure to Ideologically Diverse News and Opinion on Facebook," *Science* 348, no. 6239. (2015): 1130–1132.
18. 出现这种情况的最后一个原因是，脸书运用算法向用户定向推送文章。尽管脸书最初的说法与此相悖，但这些算法有助于产生回声室效应［Z. Tufekci, "Facebook Said Its Algorithms Do Help Form Echo Chambers, and the Tech Press Missed It," *New Perspectives Quarterly* 32, no. 3 (2015): 9–12; and K. Hosanagar, "Blame the Echo Chamber on Facebook. But Blame Yourself, Too," *Wired* , November 25, 2016］。
19. B. Bishop, *The Big Sort: Why the Clustering of Like-Minded America Is Tearing Us Apart* (Boston: Houghton Mifin Harcourt, 2009).
20. T. B. Lee, " Facebook' s Fake News Problem, Explained," *Vox* , November 16, 2016.
21. P. Green, F. Gino, and B. R. Staats, "Shopping for Confirmation: How Threatening Feedback Leads People to Reshape Their Social Networks," working paper 18-028, Harvard Business School, Boston, 2016.
22. M. Snyder and J. A. Haugen, "Why Does Behavioral Confirmation Occur? A Functional Perspective on the Role of the Perceiver," *Journal of Experimental Social Psychology* 30, no. 3 (1994): 218–246; and M. Snyder and J. A. Haugen, "Why Does Behavioral Conrmation Occur? A Functional Perspective on the Role of the Target," *Personality and Social Psychology Bulletin* 21, no. 9 (1995): 963–974.
23. M. H. Bazerman and D. Chugh, "Decisions Without Blinders," *Harvard Business Review* 84, no. 1 (2006): 88.
24. H. D. Thoreau, *Walden* (Boston: Houghton Mifin, 1906).
25. D. Lovallo and D. Kahneman, " Delusions of Success," *Harvard Business Review* 81, no. 7 (2003): 56–63.
26. 在商学院的课程里，另一种常见的演示方式是 2-4-6 练习（Bazerman and Chugh, "Decisions Without Blinders"）。在这个练习中，我向学生展示数字 2、4 和 6，并要求他们推测这三个数字之间的关系。然后他们可以给我看三个数字，我再告诉他们这三个数是否符合规律。通常，猜得比较多的是偶数递增规律（比如 6-8-10），或是隔 2 递增规律（比如 1-3-5）。和正文一样，正确的方法是排除其他可能，揭示真正的规则，这里的规律是：三个递增的数字。
27. L. Ross, D. Greene, and P. House, "The 'False Consensus Effect' : An Egocentric Bias in Social Perception and Attribution Processes," *Journal of Experimental Social Psychology* 13, no. 3 (1977): 279–301.
28. 这是很难做到的。我发现最好的解决办法是远离那些让人欲罢不能的设备，或者至少把它们放在口袋深处。

4 充电、反思而非永不停歇地行动

1. A. Field, "Do the Japanese Really Work Themselves to Death? In Some Cases, Yes," *Washington Post* , July 31, 2016.
2. Ibid.
3. Ibid.
4. K. Spitzer, " Japanese Are Working Themselves to Death— Literally," *USA Today* , October 17, 2016.
5. Field, " Do the Japanese Really Work Themselves to Death?"
6. D. M. Upton and B. R. Staats, "Radically Simple IT," *Harvard Business Review* 86, no. 3 (2008): 118–124.
7. " A Culture of Think," IBM, accessed November 7, 2017.
8. 这些通常被称为系统 1 和系统 2，也许这样的叫法令人感觉欠缺创造力，但很容易区分。D. Kahneman, *Thinking, Fast and Slow* (New York:Farrar, Straus & Giroux, 2011); and J. Evans and K. Stanovich, " Dual-Process Theories of Higher Cognition: Advancing the Debate," *Perspectives on Psychological Science* 8, no. 3 (2013): 223–241.
9. C. Argyris, "Double Loop Learning in Organizations," *Harvard Business Review* 55, no. 5 (1977): 115–124; C. Argyris and D. A. Schön, *Organizational Learning* (Reading, MA: Addison-Wesley, 1978); and C. Argyris, *On Organizational Learning* (Oxford: Blackwell Business, 1999).
10. L. Nyberg et al., "Learning by Doing versus Learning by Thinking: An fMRI Study of Motor and Mental Training," *Neuropsychologia* 44, no. 5 (2006): 711–717; C.-J. Olsson, B. Jonsson, and L. Nyberg, "Learning by Doing and Learning by Thinking: An fMRI Study of Combining Motor and Mental Training," *Frontiers in Human Neuroscience* 2 (2008): 5; M. H. Immordino-Yang, J. A. Christodoulou, and V. Singh, "Rest Is Not Idleness: Implications of the Brain' s Default Mode for Human Development and Education," *Perspectives on Psychological Science* 7, no. 4 (2012): 352–364; and A. Saimpont et al., "The Comparison between Motor Imagery and Verbal Rehearsal on the Learning of Sequential Movements," *Frontiers in Human Neuroscience* 7 (2013): 1–9.
11. A. Bandura, *Self-Efficacy in Changing Societies* (Cambridge: Cambridge University Press, 1995), 2.
12. R. White, "Motivation Reconsidered: The Concept of Competence," *Psychological Review* 66 (1959): 297–333; and R. M. Ryan and E. L. Deci, "Self-Determination Theory and the Facilitation of Intrinsic Motivation, Social Development, and Well-Being," *American Psychologist* 55 (2000): 68–78.

13. A. Bandura, *Social Foundations of Thought and Action: A Social Cognitive Theory* (Englewood Cliffs, NJ: Prentice-Hall, 1986); S. Taylor, "Asymmetrical Effects of Positive and Negative Events: The Mobilization/Minimization Hypothesis," *Psychological Bulletin* 110 (1991): 67–85.
14. G. Di Stefano et al., "Under a Magnifying Glass: Understanding the Microfoundations of Organizational Learning," working paper, Harvard Business School, Boston, 2016.
15. M. Bar-Eli et al., " Action Bias among Elite Soccer Goalkeepers: The Case of Penalty Kicks," *Journal of Economic Psychology* 28, no. 5 (2007): 606–621.
16. K. D. Elsbach, D. M. Cable, and J. W. Sherman, "How Passive 'Face Time' Affects Perceptions of Employees: Evidence of Spontaneous Trait Inference," *Human Relations* 63, no. 6 (2010): 735–760; and K. Elsbach and D. Cable, "Why Showing Your Face at Work Matters," *MIT Sloan Management Review* 53, no. 4 (2012): 10–12.
17. 有趣的是，在有意大利参与者的类似研究中，这些结果并不成立，因为在意大利人眼中，有闲暇的时间被视为地位高的象征。S. Bellezza, A. Keinan, and N. Paharia, "Conspicuous Consumption of Time: When Busyness and Lack of Leisure Time Become a Status Symbol," *NA-Advances in Consumer Research* 42 (2014); and S. Bellezza, A. Keinan, and N. Paharia, "Research: Why Americans Are So Impressed by Busyness," *Harvard Business Review* , December 15, 2016.
18. E. Reid, "Why Some Men Pretend to Work 80-Hour Weeks," *Harvard Business Review* , April 28, 2015.
19. Bar-Eli, " Action Bias among Elite Soccer Goalkeepers."
20. T. Amabile and S. Kramer, *The Progress Principle: Using Small Wins to Ignite Joy, Engagement, and Creativity at Work* (Boston: Harvard Business Review Press, 2011).
21. T. M. Amabile et al., "Leader Behaviors and the Work Environment for Creativity: Perceived Leader Support," *Leadership Quarterly* 15, no. 1 (2004): 5–32; and T. M. Amabile et al., "Affect and Creativity at Work," *Administrative Science Quarterly* 50, no. 3 (2005): 367–403.
22. M. Amar et al., "Winning the Battle but Losing the War: The Psychology of Debt Management," *Journal of Marketing Research* 48 (2011): S38–S50.
23. D. KC and C. Terwiesch, "Impact of Workload on Service Time and Patient Safety: An Econometric Analysis of Hospital Operations," *Management Science* 55, no. 9 (2009): 1486–1498. See also K. L. Schultz, D. C. Juran, and J. W. Boudreau, "The Effects of Low Inventory on the Development of Productivity Norms," *Management Science* 45,no. 12 (1999): 1664–1678.
24. B. R. Staats and F. Gino, "Specialization and Variety in Repetitive Tasks: Evidence from a Japanese Bank," *Management Science* 58, no. 6 (2012): 1141–1159; and

L. Kuntz, R. Mennicken, and S. Scholtes, "Stress on the Ward: Evidence of Safety Tipping Points in Hospitals," *Management Science* 61, no. 4 (2014): 754–771.

25. H. Dai et al., "The Impact of Time at Work and Time Off from Work on Rule Compliance: The Case of Hand Hygiene in Health Care," *Journal of Applied Psychology* 100, no. 3 (2015): 846; and B. R. Staats, H. Dai, and K. L. Milkman, "Motivating Process Compliance through Individual Electronic Monitoring: An Empirical Examination of Hand Hygiene in Healthcare," *Management Science* 63, no. 5 (2016): 1563–1585.
26. M. S. Christian and A. P. J. Ellis, "Examining the Effects of Sleep Deprivation on Workplace Deviance: A Self-Regulatory Perspective," *Academy of Management Journal* 54, no. 5 (2011): 913–934; and S. G. Carmichael, "The Research Is Clear: Long Hours Backre for People and for Companies," *Harvard Business Review* , August 19, 2015.
27. A. L. Tucker, A. C. Edmondson, and S. Spear, "When Problem Solving Prevents Organizational Learning," *Journal of Organizational Change Management* 15, no. 2 (2002): 122; A. L. Tucker, "The Impact of Operational Failures on Hospital Nurses and Their Patients," *Journal of Operations Management* 22, no. 2 (2004): 151; and A. L. Tucker, "The Impact of Workaround Difficulty on Frontline Employees' Response to Operational Failures: A Laboratory Experiment on Medication Administration," *Management Science* 62, no. 4 (2015).
28. P. Pendem et al., "The Microstructure of Work: How Unexpected Breaks Let You Rest, but Not Lose Focus," working paper 17-058, Harvard Business School, Boston, 2016.
29. T. Belden and M. Belden, *The Lengthening Shadow: The Life of Thomas J. Watson* (New York: Little, Brown and Company, 1962), 157–158.
30. M. C. Schippers, A. C. Homan, and D. Knippenberg, "To Reflect or Not to Reect: Prior Team Performance as a Boundary Condition of the Effects of Reexivity on Learning and Final Team Performance," *Journal of Organizational Behavior* 34, no. 1 (2013): 6–23; and M. C. Schippers, A. C. Edmondson, and M. A. West, "Team Reexivity as an Antidote to Team Information-Processing Failures," *Small Group Research* 45, no. 6 (2014): 731–769.
31. D. Burkus, "The Creative Benefits of Boredom," *Harvard Business Review* , September 9, 2014; and K. Gasper and B. L. Middlewood, "Approaching Novel Thoughts: Understanding Why Elation and Boredom Promote Associative Thought More Than Distress and Relaxation," *Journal of Experimental Social Psychology* 52 (2014): 50–57; and S. Mann and R. Cadman, "Does Being Bored Make Us More Creative?" *Creativity Research Journal* 26, no. 2 (2014): 165–173.

32. G. Klein, "Performing a Project Premortem," *Harvard Business Review* 85, no. 9 (2007): 18–19.
33. J. E. Morrison and L. L. Meliza, "Foundations of the After Action Review Process," DTIC document, 1999; K. Walshe, "Understanding and Learning from Organisational Failure," *Quality and Safety in Health Care* 12, no. 2 (2003): 81–82; S. Ellis and I. Davidi, "After-Event Reviews: Drawing Lessons from Successful and Failed Experience," *Journal of Applied Psychology* 90, no. 5 (2005): 857; E. W. Rogers and J. Milam, "Pausing for Learning: Applying the After Action Review Process at the NASA Goddard Space Flight Center," IEEE, 2005 IEEE Aerospace Conference; E. Catmull, *Creativity, Inc.: Overcoming the Unseen Forces That Stand in the Way of True Inspiration* (New York: Random House, 2014); and D. A. Katz et al., "Using Serious Gaming to Improve the Safety of Central Venous Catheter Placement: A Post-Mortem Analysis," *International Journal of Gaming and Computer-Mediated Simulations* 6, no. 4 (2014): 34–44.
34. 以下是其中的几个例子：P. Lavie, J. Zomer, and D. Gopher, "Ultradian Rhythms in Prolonged Human Performance," ARI research note 95-30, 1995; A. Ariga and A. Lleras, "Brief and Rare Mental 'Breaks' Keep You Focused: Deactivation and Reactivation of Task Goals Preempt Vigilance Decrements," *Cognition* 118, no. 3 (2011): 439–443; F. Cirillo, *The Pomodoro Technique* (New York: Simon & Schuster, 2014); and D. Thompson, "A Formula for Perfect Productivity: Work for 52 Minutes, Break for 17," *The Atlantic* , September 17, 2014。
35. Cirillo, *The Pomodoro Technique* .
36. J. P. Trougakos et al., " Making the Break Count: An Episodic Examination of Recovery Activities, Emotional Experiences, and Positive Affective Displays," *Academy of Management Journal* 51, no. 1 (2008): 131–146; R. M. Ryan et al., "Vitalizing Effects of Being Outdoors and in Nature," *Journal of Environmental Psychology* 30, no. 2 (2010): 159–168; L. Tyrväinen et al., "The Influence of Urban Green Environments on Stress Relief Measures: A Field Experiment," *Journal of Environmental Psychology* 38 (2014): 1–9; G. N. Bratman et al., "The Benefits of Nature Experience: Improved Affect and Cognition," *Landscape and Urban Planning* 138 (2015): 41–50; S. Kim, Y. Park, and Q. Niu, " Micro-Break Activities at Work to Recover from Daily Work Demands," *Journal of Organizational Behavior* 38, no. 1 (2017); and H. Rhee and S. Kim, "Effects of Breaks on Regaining Vitality at Work: An Empirical Comparison of 'Conventional' and 'Smart Phone' Breaks," *Computers in Human Behavior* 57 (2016): 160–167.
37. L. F. ten Brinke et al., "Aerobic Exercise Increases Hippocampal Volume in Older Women with Probable Mild Cognitive Impairment: A 6-Month Randomised Controlled

Trial," *British Journal of Sports Medicine* 49, no. 4 (2014).

38. H. Dai et al., "The Impact of Time at Work and Time Off from Work on Rule Compliance: The Case of Hand Hygiene in Health Care," *Journal of Applied Psychology* 100, no. 3 (2015): 846.
39. A. Huffington, *Thrive: The Third Metric to Redefining Success and Creating a Happier Life* (New York: Random House, 2014); and C. M. Barnes and G. Spreitzer, "Why Sleep Is a Strategic Resource," *MIT Sloan Management Review* 56, no. 2 (2015): 19.
40. D. Thompson, "Why Summer Vacations (and the Internet) Make You More Productive," *The Atlantic* , August 29, 2011.
41. 已故的伟大学者理查德·哈克曼（Richard Hackman）从团队领导者为团队设置成功的条件这个层面对这一问题进行了讨论。这里将讨论重点稍微转向了对时间的思考。J. R. Hackman, *Leading Teams: Setting the Stage for Great Performances* (Boston: Harvard Business School Press, 2002).
42. N. Bloom et al., "Does Working from Home Work? Evidence from a Chinese Experiment," *Quarterly Journal of Economics* 130, no. 1 (2015): 165–218.

5 压抑自我，盲从他人有害无益

1. B. Potter, *The Tale of Peter Rabbit* (London: Frederick Warne & Co., 1902; Project Gutenberg, 2005).
2. F. Gino and B. R. Staats, "Samasource: Give Work Not Aid," Case 912-011 (Boston: Harvard Business School Publishing, 2011).
3. Ibid.
4. 更多关于贾纳的故事，请参阅 L. Janah, *Give Work: Reversing Poverty One Job at a Time* (New York: Penguin Random House, 2017)。
5. F. W. Taylor, *The Principles of Scientific Management* (New York: Harper & Brothers, 1911); F. Herzberg, "One More Time: How Do You Motivate Employees?" *Harvard Business Review* 46, no. 1 (1968): 53–62; J. R. Hackman and G. R. Oldham, "Motivation Through the Design of Work: Test of a Theory," *Organizational Behavior and Human Performance* 16, no. 2 (1976): 250–279; J. R. Hackman and G. R. Oldham, *Work Redesign* (Reading, MA: Addison-Wesley, 1980); J. Cameron and W. D. Pierce, "Reinforcement, Reward, and Intrinsic Motivation: A Meta-Analysis," *Review of Educational Research* 64, no. 3 (1994): 363–423; E. L. Deci and R. M. Ryan, "A Meta-Analytic Review of Experiments Examining the Effects of Extrinsic Rewards on Intrinsic Motivation," *Psychological Bulletin* 125, no. 6 (1999): 627–668; R. M. Ryan and E. L. Deci, " Self-Determination Theory and the Facilitation of

Intrinsic Motivation, Social Development, and Well-Being," *American Psychologist* 55 (2000): 68–78; and M. Gagné and E. L. Deci, "Self- Determination Theory and Work Motivation," *Journal of Organizational Behavior* 26, no. 4 (2005): 331–362.

6. Herzberg, " One More Time."
7. Ibid., 88.
8. M. H. Kernis, "Toward a Conceptualization of Optimal Self- Esteem," *Psychological Inquiry* 14 (2003): 1–26; C. Guignon, *On Being Authentic* (New York: Routledge, 2004); M. E. P. Seligman et al., "Positive Psychology Progress: Empirical Validation of Interventions," *American Psychologist* 60 (2005): 410–421; D. M. Cable, F. Gino, and B. R. Staats, "Breaking Them In or Revealing Their Best? Reframing Socialization Around Newcomer Self Expression," *Administrative Science Quarterly* 58, no. 1 (2013): 1–36.
9. B. L. Fredrickson, "What Good Are Positive Emotions?" *Review of General Psychology* 2, no. 3 (1998): 300; B. L. Fredrickson, "The Role of Positive Emotions in Positive Psychology: The Broaden-and-Build Theory of Positive Emotions," *American Psychologist* 56, no. 3 (2001): 218; and B. Fredrickson, *Positivity* (New York: Harmony Books, 2009).
10. H. A. Wadlinger and D. M. Isaacowitz, "Positive Mood Broadens Visual Attention to Positive Stimuli," *Motivation and Emotion* 30, no. 1 (2006): 87–99; G. Rowe, J. B. Hirsh, and A. K. Anderson, "Positive Affect Increases the Breadth of Attentional Selection," *Proceedings of the National Academy of Sciences* 104, no. 1 (2007): 383–388; T. W. Schmitz, E. De Rosa, and A. K. Anderson, "Opposing Influences of Affective State Valence on Visual Cortical Encoding," *Journal of Neuroscience* 29, no. 22 (2009): 7199–7207; and B. L. Fredrickson, "Updated Thinking on Positivity Ratios," *American Psychology* 68, no. 9 (2013): 814–822.
11. B. L. Fredrickson et al., "Open Hearts Build Lives: Positive Emotions, Induced Through Loving-Kindness Meditation, Build Consequential Personal Resources," *Journal of Personality and Social Psychology* 95, no. 5 (2008): 1045; L. Sekerka, T. Vacharkulksemsuk, and B. Fredrickson, "Positive Emotions: Broadening-and-Building Upward Spirals of Sustainable Development" in *The Oxford Handbook of Positive Organizational Scholarship* ; eds. G. M. Spreitzer and K. S. Cameron (Oxford: Oxford University Press, 2012), 168–177; B. E. Kok et al., "How Positive Emotions Build Physical Health: Perceived Positive Social Connections Account for the Upward Spiral Between Positive Emotions and Vagal Tone," *Psychological Science* 24, no. 7 (2013): 1123–1132.
12. P. R. Clance and S. A. Imes, " The Impostor Phenomenon in High Achieving Women: Dynamics and Therapeutic Interventions," *Psychotherapy: Theory Research*

and Practice 15 (1978): 241–247; and P. R. Clance, *The Impostor Phenomenon: When Success Makes You Feel Like a Fake* (New York: Bantam Books, 1985).

13. C. Richards, "Learning to Deal with the Impostor Syndrome," *New York Times* , October 26, 2015.
14. R. Jones, "What CEOs Are Afraid Of," *Harvard Business Review* , February 24, 2015.
15. S. E. Asch, "Effects of Group Pressure upon the Modification and Distortion of Judgments," *Groups, Leadership, and Men* (spring 1951): 222–236; S. E. Asch, "Studies of Independence and Conformity: I. A Minority of One Against a Unanimous Majority," *Psychological Monographs: General and Applied* 70, no. 9 (1956): 1; and R. B. Cialdini and M. R. Trost, " Social Inuence: Social Norms, Conformity and Compliance," in *The Handbook of Social Psychology* , eds. D. T. Gilbert et al. (New York: Wiley, 1998).
16. A. A. Grandey, "When 'The Show Must Go On' : Surface Acting and Deep Acting as Determinants of Emotional Exhaustion and Peer- Rated Service Delivery," *Academy of Management Journal* 46, no. 1 (2003): 86–96; M. E. P. Seligman et al., " Positive Psychology Progress: Empirical Validation of Interventions," *American Psychologist* 60 (2005): 410–421; and S. Melamed et al., "Burnout and Risk of Cardiovascular Disease: Evidence, Possible Causal Paths, and Promising Research Directions," *Psychological Bulletin* 132, no. 3 (2006): 327.
17. R. M. Yerkes and J. D. Dodson, "The Relation of Strength of Stimulus to Rapidity of Habit Formation," *Journal of Comparative Neurology and Psychology* 18, no. 5 (1908): 459–482; and K. H. Teigen, "Yerkes- Dodson: A Law for All Seasons," *Theory and Psychology* 4, no. 4 (1994): 525–547.
18. B. M. Staw, L. E. Sandelands, and J. E. Dutton, "Threat Rigidity Effects in Organizational Behavior: A Multilevel Analysis," *Administrative Science Quarterly* 26, no. 4 (1981): 501–524; C. Gilbert, "Unbundling the Structure of Inertia: Resource vs. Routine Rigidity," *Academy of Management Journal* 48, no. 5 (2005): 741–763; and C. Gilbert, "Change in the Presence of Residual Fit: Can Competing Frames Coexist?" *Organization Science* 17, no. 1 (2006): 150–167.
19. 我们也创建了让个体以团队形式参与的额外实验组。从统计学上看，团队实验组与组织实验组的表现没有区别。
20. *The Breakfast Club* , directed by J. Hughes (Universal City, CA: Universal Pictures, 1985).
21. M. B. Brewer and R. M. Kramer, "Choice Behavior in Social Dilemmas: Effects of Social Identity, Group Size, and Decision Framing," *Journal of Personality and Social Psychology* 50, no. 3 (1986): 543–549; M. B. Brewer and W. Gardner, " Who Is

This ‘We’? Levels of Collective Identity and Self Representations," *Journal of Personality and Social Psychology* 71, no. 1 (1996): 83–93; and A. Goldberg et al., "Fitting In or Standing Out? The Tradeoffs of Structural and Cultural Embeddedness," *American Sociological Review* 81, no. 6 (2016): 1190 –1222.

22. S. F. Bellezza, F. Gino, and A. Keinan, "The Red Sneakers Effect: Inferring Status and Competence from Signals of Nonconformity," *Journal of Consumer Research* 41, no. 1 (2014): 35–54.
23. T. B. Bitterly, A. W. Brooks, and M. E. Schweitzer, "Risky Business: When Humor Increases and Decreases Status," *Journal of Personality and Social Psychology* 112, no. 3 (2017): 431–455.
24. E. W. Dunn, L. B. Aknin, and M. I. Norton, "Spending Money on Others Promotes Happiness," *Science* 319, no. 5870 (2008): 1687–1688.
25. B. Sutton, "The Best You Can Be Is a Perfect Imitation of Those Who Came Before You," *Medium* , December 10, 2016.

6 有些弱势是不需要弥补的

1. F. Herzberg, "One More Time: How Do You Motivate Employees?" *Harvard Business Review* 46, no. 1 (1968): 53–62; and G. R. Oldham and J. R. Hackman, "Not What It Was and Not What It Will Be: The Future of Job Design Research," *Journal of Organizational Behavior* 31, no. 2 (2010): 463–479.
2. D. M. Lawson, *Posterity: Letters of Great Americans to Their Children* (New York: Anchor Books, 2008).
3. T. S. Amabile and S. Kramer, *The Progress Principle: Using Small Wins to Ignite Joy, Engagement, and Creativity at Work* (Boston: Harvard Business Review Press, 2011).
4. B. Rigoni and B. Nelson, "Do Employees Really Know What’s Expected of Them?" Gallup, September 27, 2016.
5. J. A. Lee et al., "Best-Self Activation Improves Emotions, Physiology, and Problem Solving," working paper, Harvard Business School, Boston, 2017.
6. I. Larkin, "Paying $30,000 for a Gold Star: An Empirical Investigation into the Value of Peer Recognition to Software Salespeople," working paper, Harvard Business School, Boston, 2012.
7. Rigoni, " Do Employees Really Know What’s Expected of Them?"
8. Ibid.
9. T. Hill, *Manufacturing Strategy: Text and Cases* (Blue Ridge, Ill.: McGraw-Hill/Irwin, 1993).
10. C. Board, *Student Descriptive Questionnaire* (Princeton, NJ: Educational Testing

Service, 1976–1977).
11. N. Epley and D. Dunning, " Feeling ' Holier Than Thou' : Are Self-Serving Assessments Produced by Errors in Self- or Social Prediction?" *Journal of Personality and Social Psychology* 79, no. 6 (2000): 861–875.
12. D. Dunning, C. Heath, and J. M. Suls, "Flawed Self-Assessment Implications for Health, Education, and the Workplace," *Psychological Science in the Public Interest* 5, no. 3 (2004): 69–106.
13. H. H. Meyer, " Self-Appraisal of Job Performance," *Personnel Psychology* 33, no. 2 (1980): 291–295.
14. J. A. Lee et al., "Bringing Employees' Best Selves to Employment Relationships Reduces Burnout," working paper, Harvard Business School, Boston, 2016.
15. L. M. Roberts et al., "How to Play to Your Strengths," *Harvard Business Review* 83, no. 1 (2005).
16. 由我和同事丹·凯布尔共同拥有。
17. L. Lee, "Should Employees Design Their Own Jobs?" *Insights by Stanford Business*, January 22, 2016.
18. Hill, *Manufacturing Strategy* .
19. 这是一个很好的时机，它指出，虽然我看到了这个契合点，但我在表达这个想法方面做得不是特别好。然而，戴维·厄普顿和阿南斯·拉曼两人都在我身上看到了一些闪光点，愿意付出心力助我成长。我想借此机会对他们说一声谢谢，虽然一声谢谢是远远不够的，但它却是最恰当的。
20. 引用自 N. Trautmann, "The Dose Makes the Poison—or Does It?" Action Bioscience, January 2005。
21. F. Street, " The Value of Grey Thinking," Farnam Street blog, 2016.
22. B. R. Staats, D. KC, and F. Gino, "Maintaining Beliefs in the Face of Negative News: The Moderating Role of Experience," *Management Science* (forthcoming 2017).

7 T型人才是未来趋势

1. L. S. Vygotsky, *Mind in Society: The Development of Higher Psychological Processes* (Cambridge, MA: Harvard University Press, 1978).
2. A. Smith, *An Inquiry into the Nature and Causes of the Wealth of Nations* (London: W. Strahan and T. Cadell, 1776).
3. T. P. Wright, "Factors Affecting the Cost of Airplanes," *Journal of Aeronautical Science* 3 (1936): 122–128; E. D. Darr and D. Epple, "The Acquisition, Transfer, and Depreciation of Knowledge in Service Organizations: Productivity in Franchises," *Management Science* 41, no. 11 (1995): 1750–1762; L. Argote, *Organizational*

Learning: Creating, Retaining, and Transferring Knowledge (Boston: Kluwer Academic, 1999); G. P. Pisano et al., "Organizational Differences in Rates of Learning: Evidence from the Adoption of Minimally Invasive Cardiac Surgery," *Management Science* 47, no. 6 (2001): 752–768; P. Ingram and T. Simons, "The Transfer of Experience in Groups of Organizations: Implications for Performance and Competition," *Management Science* 48, no. 12 (2002): 1517–1533; R. Reagans, L. Argote, and D. Brooks, "Individual Experience and Experience Working Together," *Management Science* 51, no. 6 (2005): 869–881; and M. A. Lapré and N. Tsikriktsis, "Organizational Learning Curves for Customer Dissatisfaction: Heterogeneity Across Airlines," *Management Science* 52, no. 3 (2006): 352–366.

4. P. B. Kantor and W. I. Zangwill, "Theoretical Foundation for a Learning Rate Budget," *Management Science* 37, no. 3 (1991): 315–330; and W. I. Zangwill and P. B. Kantor, " Toward a Theory of Continuous Improvement and the Learning Curve," *Management Science* 44, no. 7 (1998): 910–920.
5. J. R. Clark, R. S. Huckman, and B. R. Staats, "Customer Specicity and Learning: Evidence from Outsourced Radiological Services," *Organization Science* 24, no. 5 (2013): 1539–1557.
6. 2002 年，心理学家丹尼尔·卡尼曼（Daniel Kahneman）通过他的研究表明，即使是理性的假设也可能是错误的，他因此获得了诺贝尔经济学奖。
7. A. Hargadon and R. I. Sutton, "Technology Brokering and Innovation in a Product Development Firm," *Administrative Science Quarterly* 42, no. 4 (1997): 716–749.
8. K. R. Lakhani and L. B. Jeppesen, "Getting Unusual Suspects to Solve R&D Puzzles," *Harvard Business Review* 85, no. 5 (2007): 30–32.
9. J. A. Schumpeter, *The Theory of Economic Development: An Inquiry into Profits, Capital, Credit, Interest, and the Business Cycle* (New Brunswick, NJ: Transaction Books, 1934).
10. R. Derer-Rozin, C. Moore, and B. R. Staats, "Reducing Organizational Rule Breaking Through Task Variety," *Organization Science* 27, no. 6 (2016): 1361–1379.
11. F. J. Roethlisberger and W. J. Dickson, *Management and the Worker* (Boston: Harvard University Press, 1934); and D. F. Roy, "'Banana Time': Job Satisfaction and Informal Interaction," *Human Organization* 18, no. 4 (1959): 158–168.
12. B. M. Staw, "Knee-Deep in the Big Muddy: A Study of Escalating Commitment to a Chosen Course of Action," *Organizational Behavior and Human Decision Processes* 16, no. 1 (1976): 27–44; and D. J. Sleesman et al., "Cleaning Up the Big Muddy: A Meta-Analytic Review of the Determinants of Escalation of Commitment," *Academy of Management Journal* 55, no. 3 (2012): 541–562.
13. B. R. Staats, D. KC, and F. Gino, "Maintaining Beliefs in the Face of Negative News:

The Moderating Role of Experience," *Management Science* (forthcoming 2017).
14. R. F. Scott and L. Huxley, *Scott' s Last Expedition, Volume I: Being the Journals of Captain R. F. Scott, R.N., C.V.O.* (London: Smith, Elder & Co., 1913), 369.
15. D. KC and B. R. Staats, "Accumulating a Portfolio of Experience: The Effect of Focal and Related Experience on Surgeon Performance," *Manufacturing and Service Operations Management* 14, no. 4 (2012): 618–633.
16. R. D. Rogers and S. Monsell, "Costs of a Predictable Switch Between Simple Cognitive Tasks," *Journal of Experimental Psychology* 124, no. 2 (1995): 207–231; A. Allport and G. Wylie, "Task-Switching, Stimulus-Response Bindings and Negative Priming," in *Control of Cognitive Processes: Attention and Performance* , vol. XVIII, eds. S. Monsell and J. Driver (Cambridge, MA: MIT Press, 2000), 35–70; and S. Monsell, "Task Switching," *Trends in Cognitive Sciences* 7, no. 3 (2003): 134–140.
17. J. S. Rubinstein, D. E. Meyer, and J. E. Evans, "Executive Control of Cognitive Processes in Task Switching," *Journal of Experimental Psychology: Human Perception and Performance* 27, no. 4 (2001): 763.
18. Rogers, "Costs of a Predictable Switch Between Simple Cognitive Tasks" ; and Allport, " Task-Switching, Stimulus-Response Bindings, and Negative Priming."
19. G. Wylie and A. Allport, "Task Switching and the Measurement of Switch Costs," *Psychological Research* 63, no. 3-4 (2000): 212–233; and F. Waszak, B. Hommel, and A. Allport, "Task-Switching and Long- Term Priming: Role of Episodic Stimulus-Task Bindings in Task-Shift Costs," *Cognitive Psychology* 46, no. 4 (2003): 361–413.
20. Rogers, "Costs of a Predictable Switch Between Simple Cognitive Tasks" ; and S. Monsell, " Task Switching," *Trends in Cognitive Sciences* 7, no. 3 (2003): 134–140.
21. B. R. Staats and F. Gino, "Specialization and Variety in Repetitive Tasks: Evidence from a Japanese Bank," *Management Science* 58, no. 6 (2012): 1141–1159.
22. 对经验识别（empirical identication）等重要问题感兴趣的人可能对以下信息有兴趣：实现多种任务分配的是银行计算机系统中的一种算法。该算法试图给工人重复分配相同的工作，但是，如果还有另一项任务亟待处理，那么该算法就会在多重任务间进行动态切换。
23. 这部分内容基于 E. S. Bernstein, F. Gino, and B. R. Staats, "Opening the Valve: From Software to Hardware (A)," Case 9-415-015 (Boston: Harvard Business School Publishing, 2014)。
24. Valve, " Valve: Handbook for New Employees," 2012: 39.
25. Ibid., 46.
26. R. W. Buell, R. S. Huckman, and S. Travers, "Improving Access at VA," Case 9-617-012 (Boston: Harvard Business School, 2016): 6.
27. Ibid.

28. Ibid, 5.
29. Ibid.
30. Ibid., 8
31. D. J. Brunner et al., "Wellsprings of Creation: How Perturbation Sustains Exploration in Mature Organizations," working paper 09-011, Harvard Business School, Boston, 2009.
32. M. A. Schilling et al., "Learning by Doing Something Else: Variation, Relatedness, and the Learning Curve," *Management Science* 49, no. 1 (2003): 39–56; J. R. Clark and R. S. Huckman, "Broadening Focus: Spillovers and the Benefits of Specialization in the Hospital Industry," *Management Science* 58, no. 4 (2012): 708–722; and D. KC and B. R. Staats, "Accumulating a Portfolio of Experience: The Effect of Focal and Related Experience on Surgeon Performance," *Manufacturing and Service Operations Management* 14, no. 4 (2012): 618–633.
33. P. J. Hinds, "The Curse of Expertise: The Effects of Expertise and Debiasing Methods on Prediction of Novice Performance," *Journal of Experimental Psychology: Applied* 5, no. 2 (1999): 205–221.
34. T. Zhang, "Back to the Beginning: Rediscovering Inexperience Helps Experts Give Advice," Academy of Management Proceedings, Academy of Management, 2015.

8 学习不仅仅是自己的事

1. R. S. Huckman, B. R. Staats, and D. M. Upton, "Team Familiarity, Role Experience, and Performance: Evidence from Indian Software Services," *Management Science* 55, no. 1 (2009): 85–100; R. S. Huckman and B. R. Staats, "Fluid Tasks and Fluid Teams: The Impact of Diversity in Experience and Team Familiarity on Team Performance," *Manufacturing and Service Operations Management* 13, no. 3 (2011): 310–328; and B. R. Staats, " Unpacking Team Familiarity: The Effect of Geographic Location and Hierarchical Role," *Production and Operations Management* 21, no. 3 (2012): 619–635.
2. Y. Fried et al., "Job Design in Temporal Context: A Career Dynamics Perspective," *Journal of Organizational Behavior* 28 (2007): 911–927.
3. F. Herzberg, "One More Time: How Do You Motivate Employees?" *Harvard Business Review* 46, no. 1 (1968): 53–62.
4. N. I. Eisenberger, M. D. Lieberman, and K. D. Williams, "Does Rejection Hurt? An fMRI Study of Social Exclusion," Science 302, no. 5643 (2003): 290–292; and W. R. Hobbs et al., " Online Social Integration Is Associated with Reduced Mortality Risk," *Proceedings of the National Academy of Sciences* 113, no. 46 (2016): 12980–

12984.
5. A. M. Grant and J. M. Berg, "Prosocial Motivation at Work: When, Why, and How Making a Difference Makes a Difference," in *The Oxford Handbook of Positive Organizational Scholarship* , eds. G. M. Spreitzer and K. S. Cameron (New York: Oxford University Press, 2012).
6. A. M. Grant et al., "Impact and the Art of Motivation Maintenance: The Effects of Contact with Beneficiaries on Persistence Behavior," *Organizational Behavior and Human Decision Processes* 103, no. 1 (2007): 53–67.
7. 斯坦利·麦克里斯特尔根据其多年的领导经验，在其著作《赋能：打造应对不确定性的敏捷团队》中对向他人学习进行了详尽的阐释。S. McChrystal et al., *Team of Teams: New Rules of Engagement for a Complex World* (New York: Penguin, 2015).
8. L. H. Pelled, K. M. Eisenhardt, and K. R. Xin, "Exploring the Black Box: An Analysis of Work Group Diversity, Conflict, and Performance," *Administrative Science Quarterly* 44, no. 1 (1999): 1–28; D. A. Harrison and K. J. Klein, "What' s the Difference? Diversity Constructs as Separation, Variety, or Disparity in Organizations," *Academy of Management Review* 32, no. 4 (2009): 1199–1228; S. Narayanan et al., "A Matter of Balance: Specialization, Task Variety, and Individual Learning in a Software Maintenance Environment," *Management Science* 55, no.11 (2009): 1861–1876; and M. E. Sosa, "Where Do Creative Interactions Come From? The Role of Tie Content and Social Networks," *Organization Science* 22, no. 1 (2011): 1–21.
9. Narayanan, " A Matter of Balance."
10. Sosa, " Where Do Creative Interactions Come From?"
11. A. Conti and C. Liu, "Bringing the Lab Back In: Personnel Composition and Scientific Output at the MIT Department of Biology," *Research Policy* 44 (2015): 1633–1644; C. Liu and J. Chown, "Geography and Power in an Organizational Forum: Evidence from the U.S. Senate Chamber," *Strategic Management Journal* 36, no. 2 (2015): 177–196; and C. Liu and T. Stuart, "Boundaries Awry? Knowledge Production and Social Networks in a Corporate R&D Lab," working paper, University of Toronto, 2016.
12. M. F. Wiersema and K. A. Bantel, "Top Management Team Turnover as an Adaptation Mechanism: The Role of the Environment," *Strategic Management Journal* 14, no. 7 (1993): 485–504; and D. A. Harrison and K. J. Klein "What' s the Difference? Diversity Constructs as Separation, Variety, or Disparity in Organizations," *Academy of Management Review* 32, no. 4 (2007): 1199–1228.
13. C. Heath and N. Staudenmayer, "Coordination Neglect: How Lay Theories of Organizing Complicate Coordination in Organizations," *Research in Organizational*

Behavior 22 (2000): 153–191.

14. B. R. Staats, K. L. Milkman, and C. Fox, "The Team Scaling Fallacy: Underestimating the Declining Efciency of Larger Teams," *Organizational Behavior and Human Decision Processes* 118, no. 2 (2012): 132–142.
15. F. Brooks, *The Mythical Man-Month: Essays on Software Engineering* (New York: Addison-Wesley, 1975).
16. Ibid.
17. G. Stasser and W. Titus, "Pooling of Unshared Information in Group Decision Making: Biased Information Sampling During Discussion," *Journal of Personality and Social Psychology* 48, no. 6 (1985): 1467–1478; G. Stasser and W. Titus, "Effects of Information Load and Percentage of Shared Information on the Dissemination of Unshared Information During Group Discussion," *Journal of Personality and Social Psychology* 53, no. 1 (1987): 81–93; G. Stasser and L. A. Taylor, "Speaking Turns in Face-to- Face Discussions," *Journal of Personality and Social Psychology* 60, no. 5 (1991): 675–684; and G. Stasser, S. I. Vaughan, and D. D. Stewart, " Pooling Unshared Information: The Benets of Knowing How Access to Information Is Distributed Among Group Members," *Organizational Behavior and Human Decision Processes* 82, no. 1 (2000): 102–116.
18. Pelled, "Exploring the Black Box" ; P. J. Hinds et al., "Choosing Work Group Members: Balancing Similarity, Competence, and Familiarity," *Organizational Behavior and Human Decision Processes* 81, no. 2 (2000): 226–251; P. J. Hinds. and D. E. Bailey, "Out of Sight, Out of Sync: Understanding Conflict in Distributed Teams," *Organization Science* 14, no. 6 (2003): 615–632; Harrison, "What' s the Difference" ; and Huckman, "Fluid Tasks and Fluid Teams."
19. J. I. Krueger, " Return of the Ego—Self-Referent Information as a Filter for Social Prediction: Comment on Karniol (2003)," *Psychological Review* 110, no. 3 (2003): 585–590.
20. L. Ross, " The Intuitive Psychologist and His Shortcomings," in *Advances in Experimental Social Psychology* , ed. L. Berkowitz (San Diego, CA: Academic Press, 1977), 173–220. 我在与埃米·埃德蒙森探讨团队协作时了解到“朴素实在主义”这一概念。想要深入了解埃德蒙森对此的研究，请参阅 A. C. Edmondson, *Teaming: How Organizations Learn, Innovate, and Compete in the Knowledge Economy* (New York: John Wiley & Sons, 2012)。
21. N. Epley and J. Schroeder, "Mistakenly Seeking Solitude," *Journal of Experimental Psychology: General* 143, no. 5 (2014): 1980.
22. K. Huang et al., "It Doesn' t Hurt to Ask: Question-Asking Increases Liking," *Journal of Personality and Social Psychology* 113, no. 3 (2017).

23. Huckman, "Team Familiarity, Role Experience, and Performance" ; Huckman, "Fluid Tasks and Fluid Teams" ; H. K. Gardner, F. Gino, and B. R. Staats, " Dynamically Integrating Knowledge in Teams: Transforming Resources into Performance," *Academy of Management Journal* 55, no. 4 (2012): 998–1022; and Staats, " Unpacking Team Familiarity."
24. R. Huckman and B. R. Staats, "The Hidden Benets of Keeping Teams Intact," *Harvard Business Review* 91, no. 12 (2013): 27–29.
25. K. J. Arrow, " Classicatory Notes on the Production and Transmission of Technological Knowledge," *American Economic Review* 59, no. 2 (1969): 29–35; and K. Monteverde, "Technical Dialog as an Incentive for Vertical Integration in the Semiconductor Industry," *Management Science* 41, no. 10 (1995): 1624–1638.
26. D. M. Wegner, "Transactive Memory: A Contemporary Analysis of the Group Mind," in *Theories of Group Behavior* , eds. G. Mullen and G. Goethals (New York: Springer-Verlag, 1987), 185–208.
27. J. R. Austin, "Transactive Memory in Organizational Groups: The Effects of Content, Consensus, Specialization, and Accuracy on Group Performance," *Journal of Applied Psychology* 88, no. 5 (2003): 866–878; D. P. Brandon and A. B. Hollingshead, "Transactive Memory Systems in Organizations: Matching Tasks, Expertise, and People," *Organization Science* 15, no. 6 (2004): 633–644; K. Lewis, D. Lange, and L. Gillis, "Transactive Memory Systems, Learning, and Learning Transfer," *Organization Science* 16, no. 6 (2005): 581–598; Y. Q. Ren, K. M. Carley, and L. Argote, " The Contingent Effects of Transactive Memory: When Is It More Benecial to Know What Others Know?" *Management Science* 52, no. 5 (2006): 671–682; and F. Gino et al., "First, Get Your Feet Wet: The Effects of Learning from Direct and Indirect Experience on Team Creativity," *Organizational Behavior and Human Decision Processes* 111, no. 2 (2010): 102–115.
28. D. H. Gruenfeld et al., "Group Composition and Decision Making: How Member Familiarity and Information Distribution Affect Process and Performance," *Organizational Behavior and Human Decision Processes* 67, no. 1 (1996): 1–15; A. C. Edmondson, R. M. Bohmer, and G. P. Pisano, "Disrupted Routines: Team Learning and New Technology Implementation in Hospitals," *Administrative Science Quarterly* 46, no. 4 (2001): 685–716; B. McEvily, V. Perrone, and A. Zaheer, "Trust as an Organizing Principle," *Organization Science* 14, no. 1 (2003): 91–103; and A. A. Kane, L. Argote, and J. M. Levine, "Knowledge Transfer Between Groups via Personnel Rotation: Effects of Social Identity and Knowledge Quality," *Organizational Behavior and Human Decision Processes* 96, no. 1 (2005): 56–71.
29. R. Katz, "The Effects of Group Longevity on Project Communication and

Performance," *Administrative Science Quarterly* 27, no. 1 (1982): 81–104.

30. R. Reagans, L. Argote, and D. Brooks, "Individual Experience and Experience Working Together," *Management Science* 51, no. 6 (2005): 869–881; and Huckman, "Team Familiarity, Role Experience, and Performance."
31. D. A. Garvin and M. A. Roberto, "What You Don't Know about Making Decisions," *Harvard Business Review* 79, no. 8 (2001): 108–119.
32. L. A. Seneca, *Ad Lucilium Epistulae Morales: Books LXVI–XCII* , vol. 75 (Boston: Harvard University Press, 1920).
33. J. Clark, V. Kuppuswamy, and B. R. Staats, "Goal-Relatedness and Learning: Evidence from Hospitals," *Organization Science* (2017).

译者后记

对大多数人来说，唯一不变的是变化本身，当今世界尤甚。如何才能在这个充满变数的世界中不被抛弃，与时俱进，甚至脱颖而出？答案也许就是学习。未来或许不再属于掌握了最多知识的人，而是属于那些具有超强学习能力的终身学习者。

对于如何学习这个话题，几乎没有人会质疑其重要性。但究竟怎样才能成为一名动态的高效学习者？很多人都会感到无所适从。针对这个问题，本书作者布拉德利·斯塔茨将运营管理和行为科学相结合，对学习问题进行了独到的探究，为我们构建了系统、清晰、具体的解决系统，即从失败中学习、关注过程、重视提问、持续反思、忠于自我、发挥优势、平衡精与博，以及向他人学习。最后作者强调，执着也是动态学习者的必备素质之一。

作者凭借其丰富的学术背景、个人阅历和工作经历，呈现了一部严谨而又生动的著作。首先，这本书建立在广泛详细的最新学术研究之上，是一本研究驱动型的著作。原著书后 20 多页的注释就是这一点的佐证。如作者所述，这本书是他多年，甚至可以说是毕生工作的产物。从田野研究到实验室实验，作者援引了世界顶尖大学的研究成果和数据，令他的观点具有很强的说服力。

其次，本书的呈现结构一以贯之，为阅读提供了便利。大多数章节都遵从这样的结构：第一，明确要成为一名动态学习者需要做的事情有哪些；第二，分析人们没有做到这些事情的原因是什么；第三，提出发人深省、切实可行的操作建议。这种连贯的结构有助于读者高效阅读。

本书的另一个特色是文中闪耀着作者的个性光芒。在有趣的案例研究叙述中，作者融入了大量的个人轶事。如同与作者本人促膝而谈一样，我们不难勾勒出一位自信谦逊的研究者、一位广受欢迎的师长、一位慈爱的父亲以及一位充满深情的丈夫的形象。在本书的致谢部分，作者更是“秀了一把恩爱”，不仅回顾了他和妻子相识相知的过往，更是至真至诚地对妻子表达了谢意，末了还不忘点题——将与妻子携手一生，学习到老。这样的作者无法不让人喜爱。

这本书的翻译工作得到了很多人的帮助。我要感谢我的两位师弟兼好友：陈林和孙忠安。他们总能耐心地与我探讨翻译问题，对本书的翻译工作提供了很大的帮助。我还要在这里郑重感谢我的爱人兼合译者林文韵。她是我的同事、我的榜样，也是我的长期合译者。希望我们在本书的引导下，成为更好的学习者和译者。

最后，感谢读者朋友们能拿起这本译作并花时间阅读，希望我们的译介能让您有所启发。愿我们都能用学习突破黑暗、笃定自我，勇敢面对未知的未来。囿于知识和水平的限制，本书的翻译还有不少谬误和晦涩之处，恳请各位专家和读者批评指正。

未来，属于终身学习者

我这辈子遇到的聪明人（来自各行各业的聪明人）没有不每天阅读的——没有，一个都没有。巴菲特读书之多，我读书之多，可能会让你感到吃惊。孩子们都笑话我。他们觉得我是一本长了两条腿的书。

———查理·芒格

互联网改变了信息连接的方式；指数型技术在迅速颠覆着现有的商业世界；人工智能已经开始抢占人类的工作岗位……

未来，到底需要什么样的人才？

改变命运唯一的策略是你要变成终身学习者。未来世界将不再需要单一的技能型人才，而是需要具备完善的知识结构、极强逻辑思考力和高感知力的复合型人才。优秀的人往往通过阅读建立足够强大的抽象思维能力，获得异于众人的思考和整合能力。未来，将属于终身学习者！而阅读必定和终身学习形影不离。

很多人读书，追求的是干货，寻求的是立刻行之有效的解决方案。其实这是一种留在舒适区的阅读方法。在这个充满不确定性的年代，答案不会简单地出现在书里，因为生活根本就没有标准确切的答案，你也不能期望过去的经验能解决未来的问题。

而真正的阅读，应该在书中与智者同行思考，借他们的视角看到世界的多元性，提出比答案更重要的好问题，在不确定的时代中领先起跑。

湛庐阅读 App：与最聪明的人共同进化

有人常常把成本支出的焦点放在书价上，把读完一本书当作阅读的终结。其实不然。

时间是读者付出的最大阅读成本

怎么读是读者面临的最大阅读障碍

“读书破万卷”不仅仅在“万”，更重要的是在“破”！

现在，我们构建了全新的“湛庐阅读”App。它将成为你“破万卷”的新居所。在这里：

- 不用考虑读什么，你可以便捷找到纸书、电子书、有声书和各种声音产品；
- 你可以学会怎么读，你将发现集泛读、通读、精读于一体的阅读解决方案；
- 你会与作者、译者、专家、推荐人和阅读教练相遇，他们是优质思想的发源地；
- 你会与优秀的读者和终身学习者为伍，他们对阅读和学习有着持久的热情和源源不绝的内驱力。

从单一到复合，从知道到精通，从理解到创造，湛庐希望建立一个“与最聪明的人共同进化”的社区，成为人类先进思想交汇的聚集地，与你共同迎接未来。

与此同时，我们希望能够重新定义你的学习场景，让你随时随地收获有内容、有价值的思想，通过阅读实现终身学习。这是我们的使命和价值。

图书在版编目（CIP）数据

浙江省版权局
著作权合同登记号
图字:11-2021-108号

终身学习者的8堂必修课 / (美) 布拉德利·R. 斯塔茨 (Bradley R. Staats) 著 ; 杨田田, 林文韵译. -- 杭州 : 浙江教育出版社, 2021.9
ISBN 978-7-5722-2410-2

Ⅰ. ①终… Ⅱ. ①布… ②杨… ③林… Ⅲ. ①学习方法 Ⅳ. ①G791

中国版本图书馆CIP数据核字(2021)第186396号

上架指导：学习 / 成长

终身学习者的8堂必修课

ZHONGSHEN XUEXIZHE DE 8 TANG BIXIUKE

[美] 布拉德利 · R. 斯塔茨（Bradley R. Staats） 著
杨田田　林文韵　译

责任编辑：刘晋苏
美术编辑：韩　波
封面设计：ablackcover.com
责任校对：李　剑　刘亦璇
责任印务：沈久凌
出版发行：浙江教育出版社（杭州市天目山路 40 号　电话：0571-85170300-80928）
印　　刷：石家庄继文印刷有限公司
开　　本：720mm ×965mm　1/16
印　　张：14.5　　**字　　数**：197 千字
版　　次：2021 年 9 月第 1 版　　**印　　次**：2021 年 9 月第 1 次印刷
书　　号：ISBN 978-7-5722-2410-2　　**定　　价**：79.90 元
